Christian Friedrich Daniel Schubart

Sämtliche Gedichte

2. Band

Christian Friedrich Daniel Schubart

Sämtliche Gedichte
2. Band

ISBN/EAN: 9783743692411

Hergestellt in Europa, USA, Kanada, Australien, Japan

Cover: Foto ©ninafisch / pixelio.de

Weitere Bücher finden Sie auf **www.hansebooks.com**

Christian Friedrich Daniel Schubarts

sämtliche

Gedichte.

Von ihm selbst herausgegeben.

Zweiter Band.

Stuttgart,
in der Buchdruckerei der Herzoglichen Hohen
Carlsschule, 1786.

Ἀνδρ' ἀγαθον δεσμοι παντων δαμνασι μαλιςα·
Και γαρ ἀνηρ δεσμοις δεδμημενος ὐτε τι εἰπειν
ἐτ' ἐρξαι δυναται· γλωσσα δε οἱ δεδεται.

Theognis v. 175.

Vorbericht.

Ich hätte den zweiten Theil meiner Gedichte mit keinem Vorberichte begleiten dürfen, wenn nicht der Hinblick auf eine so grose Anzahl Subscribenten mein Herz in dankbare Bewundrung versenkt hätte. Welch eine ansehnliche — all meine Erwartungen weit übertreffende Reihe von grosen, erhabnen, würdigen, edlen und bidern Menschen meines Vaterlandes, wovon ich tausende

Vorbericht.

kenne — tausende nicht kenne! Und wie beschämt steh' ich in der Mitte dieser Glanzschaar, will stammeln meinen Dank, und muß verstummen; will bieten die glühende Rechte einem jeden unter ihnen, und siehe da! sie entsinkt mir, und schwankt an der Hüfte. — Daß ich mich nie an meinem Vaterlande täuschte; das weiß ich. Daß Gröse in der Stille, Hoheit in der Demuth, Thatendrang bei anscheinender Ruhe, Herzlichkeit und Biderkeit und Einfalt dein Eignes sei, Teutonia; — ein Eignes, das bei allem Druck und Zwange der vielköpfigen Herrschaft, der Mode, der kindischen Nachäfferei fremder Sitte, der Gynarchie und des winzigen Geschmackes noch allenthalben durchblizt; das sah ich immer und seh's noch. Daß unter keinem Volke der Welt mehr wahre Menschlichkeit, mehr Thatenreligion,

Vorbericht.

Christussinn, Mitleid und Hülfe, oft bei so weniger äussern Kraft anzutreffen sei, als unter dem Volke, zu dem ich gehöre; das wußt' ich, und hab' es an mir selbst in den Zeiten meiner schweren Sichtung erfahren. Wie mich das freut; wie ich so dankbar hinaufschaue zu Gott, und die Stralenrechte küsse, die den Schild über mein Vaterland hält; wie ich vor Entzücken weine, wenn die Ahndung von Deutschlands fernern und immer wachsenden Herrlichkeit mich durchschaurt: das kann ich mit Worten nicht sagen, wenn sie auch

— — gleich dem Strome des
Berges von den Lippen mir braußten.

Mein Verstummen mög' also für den beredtesten Dank gelten. Doch behalt' ich's mir vor in meinem Lebenslaufe (ich setzt'

Vorbericht.

setzt' ihn mehrentheils in der Absicht auf, um manchen auf der Wooge des Lebens zu sorglos seglenden Jüngling vor der Klippe zu warnen, an der ich scheiterte) nicht wenig grose und edle Seelen zu nennen, die mir in meiner Drangsal so freundlich die Bruderhand boten. Gott wird es desto lauter thun, am Tage, wo er Herzthaten wägt und lohnt.

Möchten unter meiner Gedichtsammlung wenigstens einige seyn, die der Kenner mit Beifall krönt, weil sie es verdienen! — Wenn ich so manches Gelegenheitsgedicht in meine Sammlung aufnahm; so weiß ich dies nur mit meiner Lage und mit dem Danke zu entschuldigen, worzu mich genannte Personen verpflichtet haben.

Uebrigens erfuhr ich's so sehr, als es je ein Dichter erfuhr, wie die äussern Umstände

Vorbericht.

stände so mächtig auf den Geist würken. Heiterkeit, Laune, freier Scherz und ein gewisses Hellauf schien von Jugend an das Eigene meiner Muse, wie meines Temperaments zu seyn — und zu bleiben. — Ich war so gern auf der Welt; ich fühlte die Wonne des Daseyns bis zum ausgelassensten Entzücken, ließ mich von den Menschen so willig drängen und drücken und stossen; auch weilte die Freude so gerne bei mir; denn ich koßte sie, hielt sie freundlich bei der Hand und lächelt' ihr so dankbar unter's Auge; auch ließ sie mir immer ein duftendes Sträuschen zurück, wenn sie mich verließ; — eine solche Lage und Blutmischung hätte dann gewiß meinem Geiste eine andere Richtung und meinen Gedichten einen freiern, frischern, kühnern Ton geben müssen!

Aber

Vorbericht.

Aber der ernste Arm des Schicksals winkt; und wie ganz anderst ist nun alles! Von Blumengefilden kehrt sich der Geist ab, und weilt am liebsten auf Gräbern. — Denn traun! wer kann lachen, wo er weinen möchte; heiter seyn, wo der Gram jede Miene verdüstert, aufjauchzen in hochgefärbten Tönen, wo die Stimm' im klagenden weichen F erstirbt!! —

Nur die Gebürghöhe der Freiheit weitert die Seele, und der Knechtschaft Geklüft verengt sie.

Hohenasperg im Merz
1786.

Schubart.

Vermischte Gedichte
Erstes Buch.

Prolog
und
musikalischer Epilog,
am
Geburtsfeste des Herzogs zu Wirtemberg
1782.
Aufgeführt auf dem Theater zu Stuttgart.
Komponirt von Herrn Zumsteeg.

Als der Tag, der unsern CARL gebohren,
  Leuchtete wie Maiensonnenschein,
Donnerten uns Jubel in die Ohren —
  Doch, er gieng in seinen Himmel ein.

Hinter seinem Tritte blieben Funken,
  Gleich den Flammen des Altars zurück;
Und wir tragen noch, in Staub gesunken,
  Ahndung künft'ger Seeligkeit im Blick.

Seht ihr noch, Vertraute unsrer Bühne,
　　Seht ihr noch den Tag für CARLN ge-
　　　　schmückt,
Wie er mit der lichtverklärten Miene
　　Auf uns alle seegnend niederblickt? —

Patrioten schauen mit Entzücken
　　Seinem Flug durch ferne Himmel nach,
Und aus froher Unterthanen Blicken
　　Riselt Wonne — schwillt — und wird ein
　　　　Bach.

Jeder fromme Weise wandelt betend
　　In der Stoa, die ihm CARL erbaut.
Neben Ihm die Kunst sittsam erröthend,
　　Wie beim ersten keuschen Kuß die Braut.

Alle Sänger unsers Landes hauchen
　　Mit dem Flammenodem ins Gedicht,
Und die Künstler mühen sich zu tauchen
　　Ihre Pinsel in des Festes Licht.

CARL! — so tönts vom Schneegebirge nieder!
　　CARL! — so hallts im weiten Thale nach.
Schwestern horchen in dem Arm der Brüder
　　Jedem Seegen, den ihr Vater sprach.

　　　　　　　　　　　　　Soll

Soll Thalia — eine Göttin — schweigen? —
　　Nicht Musik mit Sang und Strich und Hauch.
Nicht der Tanz durch Gliedersprache zeugen? —
　　Töchter des Olimpos sind sie auch. —

Ja, sie sollens! — aber lauter sprechen
　　Tausend Arme durch ihr stummes Flehn,
Wenn mit Blicken, die durch Thränen brechen,
　　Der Erhörung sie entgegen sehn. —

Ha, Thalia! — mit dem Dank des Waisen,
　　Mit der Wittwe Lächeln durch den Flor,
Mit den Wolken, die gen Himmel kreisen,
　　Steig' auch deine Opferwolk' empor.

Näher am Altare will ich knieen; —
　　Denn, o CARL! wenn Kunstgefühle hier,
Wenn der Tugend höh're Triebe glühen
　　Hier in dieser Brust; — so dank' ichs dir!

Musikalischer Epilog.

Personen:

Hulda. Schauerin der Zukunft.

Teuthard. Patriotischer Weise.

Serafina. Tonkünstlerin.

Selmar. Dichter.

Theon. Artist.

Julie. Eine Waise.

Sing- und Tanzchöre von Jünglingen und Mädchen.

Das Theater stellt einen Eichenwald vor, darinn die Felsengrotte der Hulda, über der CARLS Name in Feuerschrift flammt.

Bei Eröffnung des Theaters singt nachstehendes Chor in die vorbereitende Sinfonie.

Erstes Chor.

Wie Woogengetümmel,
Wie Lieder im Himmel,
 So rausche das Chor!
Der Tag, der CARLN das Leben
Zum Seegen des Landes gegeben,
 Stieg röthlich empor.

Zweites Chor.

Wir sahn ihn fliegen zur Sonne
Den heiligen Festtag der Wonne! —
 Er maaß den himmlischen Raum.
Ambrosialische Düfte
Entflohen ihm. Bläulichte Lüfte
 Durchblizte sein Saum.

Beede Chöre.

Unter'm Getümmel
 Des festlichen Chor,
Stieg er zum Himmel
 Wieder empor.
Fürstliche Gnade,
 Künftiges Glück,
Ließ er im Pfade
 Strahlend zurück.

Unter dem Schalle der Lieder,
Kommt er erfleht.
Durch der Seinen Gebet,
Immer strahlender wieder!

Unter dem Chor durchstreifen einige Jünglinge und Mädchen den Eichenwald, verweilen bewundernd an der Grotte der Hulda und dem über ihr strahlenden CARLS=Namen. Sie drücken pantomimisch ihren Schmerz aus, daß sie keine Blumen finden können, den Helden des Festtags zu kränzen.

Einer der Jünglinge flicht indessen einen Eichenzweig und gibt zu erkennen, daß diß der schönste Schmuck für den Scheitel eines grosen deutschen Fürsten sei.

(Hulda tritt auf. Jünglinge und Mädchen verlieren sich im Walde.)

(Deklamation.)
Hulda allein.

Heilige Grotte!
Die du mit Mutterarmen mich
In dein Schauerdunkel birgst, —
Gleich dem Quelle,
Der deine Seiten wäscht;
Erst aus dem Felsenbecken tropft;
Dann spiegelhelle
Oder vom Schlamme gewölkt,
Sich fortwälzt —
Ein Bächlein wird;
Dann ein Bach!

Ein Strom dann! — Bis auch er
Sich mit der Fluth
Des grauen Meers vermischt;
So wird der Punkt
Des Gegenwärtigen
Vor mir — Vergangenheit,
 Bis alles
Mit den Strudeln sich vermengt
 Der grauen Zukunft.
Ich sah' ihn werden —
 Meinen CARL!! —
Der Engel, der vor seiner Wiege stand,
Berührte mit dem Silberfinger,
Von Himmelsmaientropfen naß
 Das Auge mir; —
Da riß der Vorhang auf,
Der vor der Zukunft hängt,
 Ich sah:

Gesang.

CARL, den Volkbeglücker,
Der dem Unterdrücker
 Freier Menschen flucht!
Der dem Herrn der Nationen
Im Bestrafen, im Belohnen
 Nachzuahmen sucht!

Sah' in seinem Strahle
　　Schwimmen unser Land!
Sah' die über Arme
　　Ausgestreckte Hand!
Sah' durch ihn verbunden,
　　Die beglückte Braut!
Sah' die Gotteshäuser
　　Die uns CARL erbaut!
Sah' den Flor zerrissen,
　　Der die Wittwe deckt!
Und zu seinen Füssen
　　Waisen ausgestreckt;
All' in Dank zerflossen,
　　Voll von innrer Ruh
Sprachen: „Unser Vater,
　　Guter CARL, bist du!"

　　　　Serafina tritt auf.
　　　　（Deklamation.）

Laß ab, laß ab,
Du ungestümme Liebe,
Mit Natternstichen mich zu quälen;
　　Im Zauberdufte
Seh' ich Selmars Bild!
Ach immer! immer!

Meines Selmars Bild!
Des Tags im Sonnenkleid!
Des Nachts im Mondgewand!
Hör's immer, wie die Purpurlippe
Ihm tropft vom Weihgesang.

(Gesang.)
Laß ab, laß ab, o Liebe! mich zu quälen,
 Laß ab von mir!
Ist der Anblick wundgequälter Seelen
 So festlich dir? —
Laß ab! wo nicht; so säusle mich hinunter
 In's kühle Grab! —
Laß ab, o Liebe, mich zu quälen!
 Laß ab! Laß ab!

(Deklamation.)
Ha, Hulda!

Hulda.
Und du klagst?
Ich kenne dich!
O Serafina, kenne dich!
Vernahm den Nachhall deiner Klage
In meiner Felsengrotte oft,
 Doch heut, du Klägerin,
Geziemt sich's nicht.

Des

Des Patrioten Jubel
Ueberschreit der Liebe
Einsames Gewimmer.
Sieh'!
Dort über meiner Felsengrotte flammt
Der Name CARL!
Der Tag, der ihn gebahr,
Betrat im Stralengange
Unser Land. Wohin du schaust,
Da wehen Funken noch
In seinem Fußpfad. —
Serafina, schweig!
Wer gab dir goldnes Flügelspiel,
Daß Zauberton von deiner Hand,
Wie Thau,
Vom Finger der Aurora tropft?

Serafina.
CARL, mein Beschüzer,
Gab es mir!

Hulda.
Wer stimmte deine Kehle
Zum Gesang voll Seele?
That's nicht Er?

Serafina.
Er that's.

Hulda.

Hulda.

Wer lehrte dich den Zauber,
Darzustellen, das Pathos
Jeder Leidenschaft,
Durch Stellung, Gang,
Und Mienenspiel und Ton?

Serafina.

CARL, mein Beschüzer,
Lehrt es mich!

Hulda.

Und wer erweckt in dir Gefühl
Für Tugend, Unschuld,
Und für alles,
Was Menschen Engelähnlich macht? —
Nicht Er? —
Ich berge mich
In meine Felsengrotte.
Und kannst du noch;
So klage, Klägerin.

Serafina.

Hast recht, o Seherin!
Ich schäme mich, daß mir das Blut
Im Antliz glüht.

Des

Des Patrioten Jubel
Ueberschreit der Liebe
Einsames Gewimmer.

(Gesang.)

Ich klage nicht. Des Herzens Klage
 Entweiht des Festes Licht.
Voll Wonne will ich seyn an meines Fürsten
  Tage,
 Und klagen will ich nicht.

Selmar tritt auf.

Serafina.

Er ist's! Er ist's!
O Herz, o Herz, was sprudelst du,
Wie Wasser auf der Gluth? —
Sei stark und sprudle nicht! —

Selmar.

Wie, Serafina, hier?
In diesem Schauerwalde hier?
Ich hätte dich gesucht
Im bunten Reihen deiner Schwestern!
Im Feirgewande, deine Lippe tönend
Von Weihgesängen, und den Fuß
Im Fluge des festlichen Tanzes?

Sera=

Serafina.

So, Selmar? —
Mich nicht zu finden,
Kamst du in diesen Wald?

Selmar.

Ach, allenthalben find' ich dich!
Und nirgends mehr,
Als in der Einsamkeit,
Wo dein Gebild, gleich einem Engel,
In Mondglanzdüften mich begleitet.
Doch heut, o Serafina,
Laß uns heute nicht
Dem Flistern unsres liebetrunknen Herzens
Zu eigennüzig horchen.
Du bist mein,
O Serafina, ewig mein!
Ein Engel knüpfte
Diß Band für eine Ewigkeit! —
Doch einzustimmen heut in Jubel
Des Landes bei des Fürsten Leben,
Ist Pflicht — auch Liebenden
Ist's Pflicht! —

Serafina.

O Selmar, laß mich hangen,
Wie die blühende Rosenstaude
Ueber dem Silberquell;
So laß mich hangen
Ueber dem Gedanken der Wonne:
    Du bist mein,
Bist, Selmar, ewig mein!

Selmar.

Du gutes Mädchen, du!
Daß ich dich lieben darf,
Verdank' ich erst
Dem Lenker der Natur,
Und dann dem Fürsten,
Dessen Weisheit,
Dessen Fürstenhuld,
Uns wie verschwisterte Lauten
So harmonisch zusammenstimmte.

Duett.

Serafina.
Die Liebe macht die Herzen weicher
  Und offener für jede Pflicht.

Selmar.

Selmar.

An Grosgefühl wird jede Seele reicher,
    Wenn ihr die Liebe nicht gebricht.

Beede.

O diese liebevolle Seelen,
    Die Wunsch und Dankbarkeit
Nach ihres Pulses Schlägen zählen,
    Sind Dir, o CARL, geweiht!

Teuthard und Theon.

Teuthard zu Theon.

Des Vaterlandes Freund
Verachtet frei des Auslands Sitte
Und ist sich selbst ein Urbild,
Wovor der Fremde stuzt,
Verborgnen Grimmes voll,
Daß er es nicht erreicht.

Theon.

Ha, Teuthard, Mann
Voll teutscher Biederkraft,
Wie lieb ich dich! — Von deinem Hauche
Wird Flamme des Genies in mir
Geweckt und Patrioten Gluth,
Daß sie verschwistert
Hoch gen Himmel schlagen! —

Original und deutsch sei mein Gebild,
Wie CARL, — wenn Schöpfungen
Um meine Stirne schweben! —

Teuthard.

(Gesang.)

O Vaterland, o Vaterland!
   Wie heilig bist du mir!
Biedermuth und Heldenstärke,
   Der Erfindung Adlerblick
Kraft zu jedem grosen Werke,
   Muth im Glück und Mißgeschick.
Genius, Wiz und Verstand —
   Find ich in dir! —
O Vaterland, o Vaterland,
   Wie theuer bist du mir!

(Deklamation.)

Ha, Theon, siehst du nicht
An Hulda's Grotte einen Namen,
Der unter unsers Vaterlandes Sternen,
Noch heller strahlt, als Sirius? —
Siehst du den Namen CARL?
Wie lieblich flimmert er herab,
Und weissagt künftiges Heil
Für mich! für dich! für Tausende!

Theon.

Theon.
Ich bin herausgegangen, Selmar,
Meine Fantasie,
Hier auf den Wipfeln dieser Bäume
Groß zu wiegen —
Und dann im Feuerschwunge
  CARLS Bild
Durch Farb' und Pinselzug
Zu geben der Ewigkeit!

Teuthard.
Ha, Hulda, siehst du nicht
Die Gottgeweihte Schauerin der Zukunft? —

Hulda.
Willkommen hier, du warmer Freund,
Von unserm Heldenvaterlande!
Dein Gesang
Schlug an die Ribbe
Meiner Felsengrotte! —
Mir tönt er lieblicher,
Als welsch Geseufz',
Von dem entmannten Sänger
Eines weichen Volks —
Wie Hohngelächter, uns zur Schmach
Und Schande vorgetrillert.

Komm Teuthard, komm, o Theon, du!
Wir wollen feiren heut den Tag,
Der uns in CARLN
Den Fürsten! und den Vater!
Den Kenner jeder Kunst?
Den Stolz der Deutschen gab!

(Führt Teuthard und Theon in Vorgrund.)

Wie Serafina hier
Im Rosenschleier ihrer Sittsamkeit
Die Liebe zu verbergen strebt,
Die ihr im Busen brennt! —
Geseegnet sei mir, Selmar,
Geseegnet, Serafina!
O welche Seeligkeit,
Hier an der Seite eines Patrioten,
Und eines Dichters voll von Kraft,
Und eines Künstlers,
Der den Pinsel taucht
In Patriotengluth;
Und einer zarten Fühlerin
Der Schönheit und der Tugend
Des Wirtembergers und des Teckers
Schönsten Festtag zu begehen.

(Gesang.)

(Gesang.)

Hulda.

Wenn süsse Wonne euch durchbebet,
   Wenn Freude ungestümm
  Wie Woogen eure Herzen hebet;
     So dankt ihr's ihm!

Teuthard.

Wenn grose Vaterlandesfreuden
  In meiner Seele sich verbreiten;
     So dank' ich's ihm!

Selmar.

Wenn ich mich in des Festtags Wonne
Erheb' und mit dem, Adler Sonnne;
     So dank' ich's ihm!

Serafina.

Wenn Tonkunst, deine Harmonien,
Wie Funken meinem Geist entsprühen;
     So dank' ich's ihm!

Theon.

Wenn ich der Schönheit Werth empfinde,
Und Kunst mit der Natur verbinde;
     So dank' ich's ihm.

                     Alle.

Alle.

Wenn uns der Stab der Wahrheit weidet,
Wenn Weisheit unsre Tritte leitet,
. Wenn Tugend, deine Zier,
Gleich Strahlen sich um uns verbreitet;
O CARL! dir danken's wir.

Julie tritt auf.

Vom Grabe meines Vaters komm' ich her,
Ich, armes Mädchen, ich!
Die Nessel all' hab' ich
Aus meines Vaters Grab gejätet.
Sind gleich mir meine Hände wund;
So hab' ich doch die Nessel all'
Aus meines Vaters Grab gejätet.
Und nun!
Du guter Gott im Himmel du!
Tod ist mein Vater!
Meine Mutter auch!
Du guter Gott im Himmel du,
Wer wird mir armen Waisen
Nun Vater seyn?
Nun Mutter seyn?

(sie weint.)

Hulda.

Hulda.

Wie? hör' ich nicht die Stimme
Den Klag' in unsern Jubel schallen?
Der Becher unsrer Freude
Soll keine Thräne trüben!

Julie.

(Gesang.)

Waisenthräne, falle, falle
Nur von Gott gesehn.
Er in seinen Höhn
Zählet alle!
Trocknet alle
Thränen, die an Wangen
Bleicher Waisen hangen.
Waisenthräne, falle! falle!
Nur von Gott gesehn!

Hulda.

Wer bist du, kleines,
Süsses Mädchen?

Julie.

Kein süsses Mädchen, Weib,
Der so viel Mitleid
Vom Auge niederblickt; —
Kein süsses Mädchen; —

Bitter, bitter sind die Thränen
Des armen Waisen. —

    Hulda.
Wer war dein Vater?

    Julie.
Ein guter, guter Vater!
Nun ist er tod!
Ist tod! ist tod!
Und ich die Vaterlose! —
Ich, die Mutterlose!!
    (sie weint wieder.)

    Serafina.
Des Mädchens Kummer
Durchfährt mein Herz wie Flammenpfeil.

    Hulda.
Mußt nicht so jammern,
Kleiner Waise, du!
Gott nimmt uns oft den Vater,
Damit wir's nicht zu sehr vergessen,
Dort droben wohn' ein Vater,
Der aller Kinder Vater ist.
Und daß er prüfe
Eines Menschen Herz,
Und guten Fürsten Anlaß gebe
    Be=

Bedrängter Waisen
Schuz und Vater zu seyn.
CARL ist dein Vater!
Schon ist sie ausgestreckt
Des Fürsten Hand,
Zu geben deinem Leibe
Hüll' und Nahrung,
Und deinem Geiste Bildung!
So weine nicht!
Du holdes, süsses Mädchen,
Weine nicht.

Julie.

Ach, Gott im Himmel, der so früh,
Mir diese Thränen trocknet,
  Wie preiß ich dich!
Du gabst mir einen Vater;
  Wie preiß ich dich!

Hulda (in Extase.)

Ich seh', ich seh', o glückliches Land!
Den Seegen schreiten über deine Fluren!
Hinter ihm rauschen Saatfelder!
Ihm zur Seite
Strömen die Hügel von Most!
Milch unter seinem Fußpfade!

Hüp-

Hüpfende Heerden seine Begleiter!
CARL hat ihn von Gott erfleht!
Die Weisheit baut sich einen Tempel,
Und ihre Zwillingsschwester, Wahrheit,
Wandelt in den Säulengängen; —
Die Zöglinge der Weisheit
Zertrümmern die finstre Pagode
Des Wahns und des Lasters,
Und horchen der Weisheit und Wahrheit.
CARL dacht' es zu thun — und that's!

Teuthard.

Wächst Biederfinn, o Hulda,
Und Heldenmuth, wie zu den Zeiten,
Da Hermann Varus schlug?

Hulda.

Er wächßt! Er wächßt!
Der Riesenenkel steht
Im Eichenthale;
Singt Thaten der Vorwelt,
Und nennt unter den Helden
Thuiskons — Dich! — CARL, Dich!

Serafina.

Hörst du nicht Harfenlispel?
Und Menschengesang,

Gleich einem Geist
Ob ihrem Lispel schwebend?

Hulda.

Ich hör' ihn! ich hör' ihn!
Er lispelt CARLS Lob!

Selmar.

Siehst du Dichter auf Bergfelsen?
Ihr Antliz roth im Morgensonnenstrahl?

Hulda.

Ich sehe sie!
Sie donnern dem Enkel
CARLS Lob
Vom Felsen herab! —

(bleibt in begeisterter Stellung stehen.)

Erstes Chor.

Wie Woogengetümmel,
Wie Lieder im Himmel,
  So rausche der Chor!
Der Tag, der CARL'N das Leben
Zum Seegen des Landes gegeben,
  Stieg röthlich empor.

Zweites

Zweites Chor.

Eile dem Tage voll Seegen,
Jugend des Landes entgegen!
   Schmücke dein seidenes Haar!
Kommt ihr Männer und Greise!
Stammelt des Ewigen Preise
   Knieend am goldnen Altar.

Beede Chöre.

Unter'm Getümmel
   Vom jauchzenden Chor
Stiegst du zum Himmel,
   Festtag empor!
Fürstliche Gnade,
   Künftiges Glück
Ließ'st du im Pfade
   Strahlend zurück.
Unter dem Schalle der Lieder
   Komme CARLS Festag, erfleht
   Durch der Frommen Gebet
Immer stralender wieder!!

   (Den Beschluß macht ein allegorisches Ballet.)

CARLS Name,

gefeiert

von der deutschen Schaubühne zu Stuttgart.

Am 4. Nov. 1784.

Weilt, ihr Musen! steht stille Zöglinge
    Vor diesem heiligen Bilde!
Im Drange hohen Gefühls
    Sprengt mir der Busen! —
Zu schwach ist die Mimik
    Aufzuhalten des Gefühls
Donnernden Woogenschlag. —
Ich muß sagen — laut muß ich sagen
    Was ihr verschweigt.
CARLS Name flammte heut
    Mit Sterngold geschrieben
Am Olimp — Der Name CARLS!! —

                            Hah!

Hah! mit welcher Wonne sprech ich ihn aus,
 Deinen Namen, CARL!! —
(Pause.)
Zwar wird schon dein Name
 An beeden Polen genennt: —
Catharina's weltenstürzender Name
 Schlingt sich um ihn! —
Josephs Name — das Erstaunen der Völker —
 Schlingt sich um ihn! —
Wodan Friderichs Name — des Einzigen!
 des Unerreichten!! —
Schlingt sich um ihn! —
Vor ihm bücken sich Teutoniens Fürsten,
 Und durch ihn hebt Wirtemberg
In ihrer Schwestern Versammlung
 Ihr Riesenhaupt stolz in Olimpos! —
Aber — wiegt Bewunderung Liebe auf? —
 Leg auf die Schaale, die Menschen wägt; —
Starre Bewunderung der Erbse
 Und blinzende Ehrfurcht vor Fürstenglanz —
 In die eine Schaale
Und in die andre — laß
 Einen Tropfen Herzblut thauen. —
Aufdonnern wird die erste Schaale
 Niedergezogen vom Gewicht der andern: —
 O CARL! — CARL! —

Was

Was wir Dir geben — ist viel —
Ist alles — ist alles —
                    (Pause.)
            Ist Liebe!! —
Selbst der Himmel verlangt
    Für all' seine Gnaden — nur Liebe.
So nimm dann hin der Künste Thränendank
    Für Deinen Schuz! —
Nicht dir Apoll, nein, deinem Lieblinge CARL,
    Donnert der Päan des Dichters! —
Schon blickt mit weitem Auge
    Des Auslands Bewundrung
Auf CARLS Söhne — unter denen
    Shakespeare, — Ossiane, — und Dichter
    Der sanftern Muse knospen.
Es taucht der Maler den Pinsel
    In Morgensonnengluth —
Und Thränen des Danks
    Träufen in's Farbengemisch; —
    Und so malt er — CARLS Bild! —
Auch am Neckar reifen Mengse,
    So denkt er weissagend. —
Die Tonkunst bildet ein Sternenchor,
Und Ton und Strich und Hauch
    Feirt den Namen CARLS —
    Polihimnia's Liebling! —

Was sinn'st du junger Künstler,
　Mit der Geniusschwangern Wolk' auf
　　　　Stirne? —
Du sinn'st auf Werke des Meissels
　Wie Phidias, Praxiteles, Lisipp —
　Und dich schüzt — CARL!
Der Tanz mit beflügelter Sohle
　Hüpft auf für Wonne,
　Dreht sich in wirbelnden Kreisen
Und feiert des Künsteschüzers
　CARLS erhabenen Namen, —
Ja, freue dich, freue dich
　Chor der Musen! —
Nie wird der Neid mehr
　Dein Gebilde zertrümmern! —
Nie mehr die Mordfackel
　In deinen Werkstätten schwingen; —
Nie wird Verleumdung die Hyder mehr
　Deinen Lorbeer benagen —
Denn CARL hält Pallas Aegide
　Den Höllenungeheuern vor:
Sie starren und stehen vor ihm
　Wie Felsen der Mitternacht. —

　　　　　　　　(Pause.)

So nimm dann unſern Dank,
    Erhabner CARL,
Eine Opferſchaale voll Freudenthränen!

Mit der Künſte Wonnezähren
Miſchten ſich Thränen des Waiſen,
    Thränen der Wittwe, —
    Thränen des Armen, —
    Des Elenden Thräne
Im ſchluchzenden Danke geweint: —
    Die Opferſchaale ſteht
Am Feſte CARLS von Gott geſehn
    An dieſem Bilde.

(lange Pauſe.)

Ich ſchweige — ich ſchweige
    Im Drange mächt'ger Empfindung.
CARL, Dich ſeegnen die Muſen!
    Dich ſeegnen ihre Zöglinge!
    Dich ſeegnen all' Deine Kinder;
    Dich ſeegnet
            — — mein Verſtummen! —

C   Apoll.

Apoll.

(Singbar.)

Schweigt nicht, ihr Musen,
Euer Gefühl entsteige dem Busen!
Und brause im schwellenden Chor
Zum Olympos empor.

Chor der Musen und Künstler.

Wir singen in jauchzenden Tönen
Dem Kenner des Grosen und Schönen
   Den schallenden hohen Päan —
Dem Wäger groser Verdienste,
Dem Schuzgott schüchterner Künste
   Tönt unser Chor himmelan! —

Zwei oder drei Musen allein.

Noch lang soll Ton und Farbenspiel
Und Gutgefül und Grosgeful
   Und Schauspiel, Kunst und Tanz,
   Bestrahlt von seinem Glanz,
Am Neckar weilen!
Und unter Deutschlands Ehrensäulen,
   In Wodens Eichenhain,
   Steh' unser CARL in Marmorstein! —

Geschmückt mit vielen Wonnetagen
  Sei CARLS erhabner Lebenslauf! —
Bis ihn einst unsre Schultern tragen
  Zum strahlenden Olimp hinauf! —

Chor der Musen und Künstler.

Wir singen in jauchzenden Tönen
Dem Kenner des Grosen und Schönen
  Den schallenden hohen Påan —
Dem Wäger grosser Verdienste,
Dem Schuzgott schüchterner Künste,
  Tönt unser Chor himmelhinan! —

Das wunderthätige Cruzifix.
Eine Legende.

Ein Eremit, dem Tode nah',
Sprach zu Sebastian, dem Knaben,
Den er als Sohn erzog: ich sterbe!
Sebastian, mein Sohn, begrabe
Mich neben dieser Hütt', ins Grab,
Das ich mir selbst geschaufelt. — Wisse,
Du guter Baste, der du mir
Den süssen Baternamen gabst,
Dein Vater bin ich nicht; ich fand
Dich einst, als Mordsucht mit dem Schwerdt
Die Kezer würgte: — ach, der Himmel
Sah' roth und schien sich zu entsezen
Ob diesem Greu'l — da fand' ich dich
Im Arm des trunknen Kriegers, der
Dich eben aufwärts schleudern wollte,
Um dich zu fangen mit dem Schwerdte.

Ja,

Ja, liebes Kind, da fand' ich dich;
Und riß dich aus dem Arm des Kriegers.
Dein Vater war ein braver Mann,
Ob er des Mordgeists Höllenflamm'
Entrunnen sei, das weiß ich nicht! —
Du bist mein Sohn! und ich dein Vater! —
Was weinest du? — Ich hab' dich ja gelehrt
Daß Christen keinen andern Weg
Ins Leben haben, als den rauhen
Mit Blut beträuften Pfad, den Jesus
Voran ins Leben gieng. Willst du
Dahinten bleiben? — O, der Tod
Ist süß, ist unaussprechlich süß
Dem Christen, der die Kunst zu sterben
Von seinem Könige gelernt. —
Leb wohl. — Nimm dieses Crucifix —
So wein' doch nicht, du siehst mich ja
Im Himmel wieder. — Gold und Silber
Laß ich dir nicht, doch meinen Seegen
Vermach' ich dir mit diesem Crucifix.
Es sei dein Führer auf der Bahn
Des Lebens. Wirst du Gutes thun
So wird es lächeln; — aber weinen
Wird es, so oft du Sünde thust. —
Und bluten, bluten! bluten wirds,

Aus allen Wunden wird es bluten,
Wenn du, was Gott am meisten haßt,
Begehst. — Bewahre dich der liebe Gott,
Daß du es nicht begehst. — O Jesus,
Maria und Joseph, sei mir gnädig! —
Ich sterbe! —" Und der Alte sank
Auf's Stroh, ward gelb und starb. Der Knabe
Beträufelte des Alten Leiche
Mit seinen Thränen, senkte sie
In's offne Grab und betete
Ein Vaterunser und ein Ave,
Bewarf sie drauf mit Erd' und pflanzt'
Ein schwarzes Kreuz auf's Grab. „Gott geb'
Ihm eine ew'ge Ruh! und lösche
Für ihn des Fegfeuers Flammen aus.
Er laß' ihn fröhlich auferstehen!"
So sprach der Knabe. Wie das Bäumchen
Nach starkem Sommerregen tröpfelt,
So tropfte Wehmuth von dem Auge
Des Knaben. Er verließ das Grab,
Und seines Vaters Hütte, nahm
Sein liebes Crucifix und gieng.

Der arme Knabe irrte lang'
Auf weitem Feld im Sonnenstral,

Ward durſtig, ſah' nach einem Quell,
Sich zu erquicken. Keiner war
Auf dieſer Sommerflur. Er warf
Sich müd' an eines Felſen Fuß,
Der keinen Quell ergoß. „O wär' ich,
Du lieber Vater, wär' ich doch bei dir!
Was thu' ich auf der Welt, ich armer
Verlaßner Knab?„ — und küßt ſein Cruzifix. —
Ein Hirtenmädchen kam und ſah'
Den Knaben liegen. „Was iſt dir?
Du ſchöner Knabe, was iſt dir?"
Das Mädchen ſprach's und blickte Mitleid
Vom blauen Auge. „Laß mich ſterben,
Tod iſt mein Vater, als ein Waiſe
Irr' ich herum; o laß mich ſterben!
Gib mir noch einen friſchen Trunk,
Dann lege mir dies Cruzifix auf's Herz
Und laß mich ſterben!" — Eilend lief
Das Mädchen, eilend kam's zurück.
„Da trink!" ſtellt' einen Topf mit Milch
Dem Knaben vor. „Du ſollſt nicht ſterben.
Mein Vater hat noch Brod und Milch
Für dich. Ein guter, guter Vater!
O weißſt du was? — Haſt du getrunken? —
Steh' auf, geh' mit in meine Hütte;

Mein Vater wird dich lieben, Knabe,
Du wirst mit mir die Heerde hüten,
Dann — willst du? nun so komm!" — Er gieng.
Der Hirte nahm ihn auf. Die Heerde
Mit jedem goldnen Morgen auszuführen
Ins Feld war sein Geschäfft. Das Mädchen
Gieng neben ihm. Schön war der Knabe
Und schlank, die ersten Jünglingsmonde
Verklärten ihn und streuten Rosen
Und Lilien auf sein Gesicht.
Sein Blick sprach mehr als Unschuld der Natur,
Er sprach Gottseeligkeit und Liebe.
Voll Einfalt war das Mädchen: kannte
Die Schönheit nicht, die Gott ihr gab.
Die guten Kinder liebten sich
Und wußten nicht, daß es die Liebe war.
Sebastian verbarg' sich oft
Im nahen Wald und seufzte: „Gott
Im Himmel, was ist das in mir?
Warum bin ich dem Hirtenmädchen
So gut, und möcht's auf meinen Armen
In Himmel tragen? Gott im Himmel,
Es wird doch keine Sünde seyn?" — Er nahm
Sein Crucifix heraus; — es sah'
Ihn freundlich an, und weinte nicht. —

An einem Sonntag gieng er einst
Mit seinem Mädchen auf die Wallfahrt
Zu einem Muttergottesbild.
Er sezte sich allein mit ihr
An einer Rosenhecke nieder;
Sie fiel in seinen Schooß und schien
Ein Thränchen zu verbergen. „Weinst du?
Mein trautes Mädchen, was ist dir?"
Er drückte sie an seine Brust
Und wagts und küßte sie. Sie schlang
Die Arm' um ihn und küßt' ihn wieder.
„Ich hab's der Mutter Gottes angelobt,"
Sprach sie, „wenn du der Meine wirst,
So schenk' ich ihr mein Lämmlein; weißst du,
So heimlich ist's, und frißt aus meiner Hand? —
Willst du der Meine seyn?" — „O ewig,
Seufzt' er, „wenn Gott es haben will."
Sie schwiegen, küßten sich und fühlten
Die Seeligkeit der reinen Liebe. — Abends
Barg sich Sebastian und enger
Ward's ihm um's Herz. „Was hast du? —
O Gott, o Gott, das wird wohl Sünde seyn —
Was hast du heut, Sebastian, gethan? —
Ein Kuß, den ich dem Mädchen aufgedrückt,
Der mir durch alle Glieder drang, —

O Gott, o Gott, was hab' ich heut gethan? —"
Er wagt' es nicht, sein Cruzifix zu sehn,
Fiel nieder auf die Erd' und weinte
Und bat, „o Gott, verzeih' es mir! —"
Doch endlich wagt's Sebastian
Sein Cruzifix zu sehen, und die Thränen
Von seines Christus Auge wegzutrocknen;
Jedoch das Bildnis sah' ihn an
Mit sanftem Aug' und weinte nicht. —
Und doch blieb Unruh' in der Brust
Sebastians. Am ersten Mai
Da wagt' er's gar und tanzt und sprang
Mit seinem Hirtenmädchen. Alle
Die jungen Hirten tanzten mit
Und feirten so das Maienfest.
Beängstigt sah' Sebastian
Sein Cruzifix. — Noch immer sah'.
Es freundlich aus und weinte nicht. —
Und noch blieb Unruh' in der Brust
Sebastians. Er beichtete
Einst einem Mönchen seine Liebe
O sprach der dürre, trockne Mönch:
Hast du die Lehre deines Vaters
Vergessen, schon so früh? — Wallt noch
Das Kezergift in deinem Blut?

Verdammt bist du, wenn du nicht gleich
Zurück in deine Klause gehst!
Flieh' deine Dirne, Satan blickt
Ihr aus dem Auge! — Schwankend gieng
Sebastian der Klause zu.
„Ja wohl, der Gottesmann hat recht,
Zu früh' hab' ich des Vaters Lehre
Vergessen, hab' der Wollust Gift
In mich geschlürft! — O Anna, wie
War's möglich, daß der Satan sich
In dir verbarg? — Mein Crucifix!
Ach, warum warntest du mich nicht? —
Doch Warnung eines heil'gen Mannes
Spricht lauter, als dies Bild von Elfenbein.
Nun stürzte sich Sebastian
Ganz in die Tiefe seines Grams.
Er betete — und ach! das Bild
Von seiner Anna schwebt' ihm vor.
Er warf sich auf das Grab des Alten;
Ließ sich von Nesseln sengen; ließ
Vom Thau des Himmels sich beträufeln.
Doch Anna, Anna schwebt ihm vor! —
Sein wunderbares Crucifix,
Sah ernster aus; doch weint' es nicht.
„Du siehst so ernst, du Christusbild;

Ach meinen schweren Fall hab' ich
Noch nicht genug gebüßt." Er sprach's.
Wälzt nackend sich in Dorn und Disteln,
Und geisselte den Rücken blutig,
Aß Wurzeln, schlürfte aus der Hand
Getrübtes Wasser; heulte, schrie,
Daß Eul' und Rab und Kauz und Fuchs
Von seiner Schauerhöhle flohn.
Doch schwebt' ihm seine Anne noch
Im Schleier vor: — „O Cruzifix,
Erbarm dich meiner!" Wütend holt'
Er's aus der Hütte. Wunder! Wunder!
Die hellen Thränen rieselten
Dem Cruzifix vom Angesicht.
„Ha, ist's nur dies? — Ist dir die Buße
Für meinen Fehl noch nicht genug?"
Er sprach's, nahm einen Strick: „Am Baume
Den ich als Knab gepflanzt, soll ich
Mein Leben enden? — Ha, es rauscht!
Was ist's? Ein irrend Lämmlein schlüpft
Vor jedem lauten Blatte zitternd
Durch's Waldgebüsch' und stand ermüdet,
Sebastian, vor deiner Hütte still."
Das Lämmlein war's, er kannt' es gleich,
Das seine Anne auf der Wallfahrt

Der

Der Mutter Gottes angelobt.
„So will ich dich, du reines Lamm,
Erst füttern aus der hohlen Hand,
Erst tränken aus dem klaren Quell;
Dann, — Jesus Christus, ach, sie kommt!
Kommt selber!" — Auf des Alten Grab
Stürzt stumm der arme Jüngling nieder;
Lag mit dem Antliz auf dem Sand,
Und faßte mit der Hand das Creuz! —
Das Mädchen kam. „Jesus, Maria
Und Joseph — mein Sebastian
Ist dieß! — Bist doch nicht tod, du Lieber?
Steh auf, dein armes Mädchen ist's!
Dein Annchen ist's, ich habe dich
Schon Wochenlang gesucht. Ich habe
Am Muttergottesbild gekniet
Und hab' gefleht: „O Mutter Gottes,
Willst du mein Lämmlein nicht? — So steh'
Doch auf, und geh' mit mir. Mein Vater
Will mich dir geben!" — „Schlange, geh'!
Der Satan blickt aus deinem Auge!" —
„Ich eine Schlange? Gott, ach Gott,
Dein girrend Täublein eine Schlange? —
Ein Satan ich? — Sebastian,
Du irrest dich; dein Engel wollt' ich seyn."

Sie

Sie sezt sich neben ihn auf's Grab.
Er wandte sich und sah' sie weinen.
Die starrende Verzweiflung ließ
Nun von ihm ab. Sein Herz zerfloß
In Lieb' und Wehmuth. Thränen schaurten
Herunter von der bleichen Wange.
Sein Mädchen trocknet ihm die Thränen
Mit ihrer Schürz'. „O Anne, geh," —
Mit weggewandtem Antliz sprach's
Sebastian. — „Mein Cruzifix
Hat helle Zähren über mich geweint;
Ich habe dich geküßt, drum hat es helle Zähren
Für mich geweint." — „Es hat geweint,
Weil du mir untreu bist! Du hast
Den Eid gebrochen, den du mir
Weißst du? — beim Rosenbusche schwurst. —
Es hat geweint, weil du mir untreu bist."
Das Mädchen sprach's. Ihr Vater kam:
„Was gibt's: was thut ihr da? Hast du
Sebastian gefunden? Gott sei Dank!
Komm Baste, komm! Sollst meine Anne haben.
Zum frommen Müßiggänger bist
Noch viel zu jung. — Bau' erst das Land',
Zeug' Kinder, sei den Menschen nüzlich; —
Dann kannst du dich in diese Klause

Ver-

Verschliessen, dich der Welt entziehn,
Wenn dich die Welt entbehren kann."
Er gieng, und Anne ward sein Weib. —
O Wunder! Gleich am Hochzeittage
Vertrockneten am Crucifix
Die Thränen: — Doch, es kam der Mönch,
Trat zornig vor Sebastian
Und sprach: „Du bist verdammt, weil du
Den Bund der Keuschheit brachst!— Eh' wird
Dir deine Sünde nicht vergeben,
Bis du zuvor dem heiligen
Gerichte des Dominikus
Zween Kezer — Einen wenigstens,
Zum Tode überlieferst! — Traurig schwieg
Sebastian. Er suchte lange
Nach Kezern, konnte keinen finden.
Bis er vernahm, in einer Felsengrotte,
Die schauerlich von der Natur gebaut,
In einem Walde stand, versammeln sich
Die Kezer in der Mitternacht,
Zu singen und zu beten. Lange
Verzögerte Sebastian.
Das Glück der Häuslichkeit erfreute
Sein Herz mit jedem Tage mehr.
Schon sah' er einen Rosenknaben

Auf

Auf seiner Anne Armen spielen,
Und Feld, und Flur, und Baum, und Heerde
Schien Gottes Seegen abzustralen.
Auch lächelte sein Cruzifix,
So oft Sebastian und Anne
Mit ihrem Kinde vor ihm knieten. —
Jedoch des Mönchen Fluch bewog
Sebastian, den Kezern aufzulauren.
Er überfiel sie. Alle flohn.
Und nur ein Greiß, zu schwach zur Flucht
Blieb in der Hand Sebastians.
Es schwieg der Greiß, die Silberlocke
Bestrahlt sein Haupt, wie eine Glorie.
Er sah' mit hellen Blick gen Himmel,
Und prieß den Herrn, daß er gewürdigt sei,
Um seinetwillen Schmach zu leiden.
Sebastian gab dem Gerichte
Des heiligen Dominikus
Den Kezer. Sie verschlossen ihn
Im Schaurgewölbe eines Kerkers,
Wo er, gekettet an der Wand,
Auf faulem Stroh den Tod erwarten sollte.
Sebastian betrübt und doch im Wahn
Er hätt' ein gutes Werk gethan,
Gieng heim zu seinen Lieben — „Wunder!

Ent=

Entſezen! O Entſezen!!" ſchrie
Sebaſtian, als er am Cruzifir
Den Abendſeegen beten wollte. —
„O Wunder! O Entſezen!!
Das Cruzifir — es blutet
Aus allen Wunden! — ach, ich habe
Gethan, was Gott am meiſten haßt!"
Schrie laut Sebaſtian, und eilte
Mit Ungeſtümm hinaus in Wald —
Warf ſich auf's Grab des Eremiten.
„O Vater," ſchluchzt' er auf, „ich habe,
Was Gott am meiſten haßt, gethan,
Da blutet nun mein Cruzifir,
Wie du geſagt, aus allen Wunden! —
O ſprich, was hab' ich dann gethan,
Das Gott am meiſten haßt? Iſt's Sünde,
Daß ich mein Weib geliebt? Daß ich
Den Knaben ihres Leib's geherzt?
Das Land gebaut? und ach, vielleicht
Die Welt zuviel geliebt? — war's Sünde?" —
Und plözlich rauſcht' es um die Hütte. —
Im Wolkenkleide, lichtbeſtrömt,
Stand vor Sebaſtian der Alte,
Blickt' ernſt und ſprach: „Verſchmäht haſt du
Die väterliche Warnung, die ich dir

In meinem Tode gab. Du haſt
Dem Mörderorden des Dominikus
Den frömmſten Mann — ſein Name flammt
Mit goldner Schrift im Lebensbuche —
Ja den haſt du den Mördern eingeliefert!
Und noch ein Donner treffe dich,
Der fromme, Gottgeliebte Greiß,
Den du den Mördern brachteſt — iſt —
Er iſt — dein Vater! — darum blutet
Dein Cruzifix aus allen Wunden.
Nun geh', befreie deinen Vater,
Und kannſt du nicht, ſo ſtirb mit ihm!"
Der Alte ſchwand. Sebaſtian
Eilt, wie vom Sturm' getragen, nimmt
Sein Cruzifix — „O Anne, Anne!"
Spricht er mit vorgepreßtem Aug';
„Ich bin der Mörder meines Vaters.
Nun muß ich ſterben. Unſern Knaben,
Den küß, ich kann es nicht! Leb wohl!"
So riß er ſich aus ihrem Arm'
Und flog' und kam zum Blutgericht.
„Der Greiß, den ich euch brachte, Väter,
Der iſt mein Vater! laßt ihn loß! —
Ich bin ein Kezer! — laßt ihn loß! —
Ich bin ein Mörder! — laßt ihn loß!" —

Die

Die Väter, gegen jeden Auftritt
Der Menschlichkeit schon lange abgehärtet, —
Befohlen kalt, den Vater vorzuführen,
Der schon zum Feuertod verdammt,
Sein gelbes Kleid, bemalt mit Flammen,
Und Teufelslarven trug. „Ist dies dein Sohn?"
So sprachen sie zum Alten,
Der mit dem Antliz eines Engels
Umhersah'. „Kennst du mich?" — „Ich bin"
Schrie laut Sebastian, „dein Sohn! —
Dein Mörder! bin dein Teufel! bin
Dein Sohn nicht mehr!" „Hab's doch gedacht,
Als ich dein Antliz sah', du sei'st
Mein Sohn! — Umarme mich! — Getäuscht
Vom Wahne bist du nur, mein Mörder nicht!
O komm, umarme mich!" Es weinte
Der Alte lang an seines Sohnes Hals.
„O diese Freuden, guter Gott,
Hast du, eh' meine Asche noch
Der Sturm verweht, mir aufbewahrt? —"
Der Alte sprach's. Ein Mordbefehl
Riß Sohn und Vater von einander.
Nun sah' zum erstenmal der Greiß
Mit trübem Auge auf zu Gott
Und schien zu sagen: „Das ist hart,

Verzeih' mir's Gott! O das ist hart."
Sebastian, zu gleichem Tod' verdammt,
Freut sich, um seiner Seelenqual
Auf ewig loß zu werden. Schon
Erschien der Tag, an dem die Sonne
Die schwärz'ste That beleuchten sollte!
Der Holzstoß war schon aufgethürmt,
Und neben ihm, da schwungen schon
Die Henkersknechte ihre Fackeln.
Und Sohn und Vater schritten voll
Von Gott und seinem Trost, obgleich
Verdammt, zur tiefsten Höll' verdammt
Von ihren Mördern, auf der Bahn
Des Todes stark einher. — Noch einmal
Umarmte seinen Sohn der Greiß. —
„Dort droben," sprach er lächelnd, „find'
Ich dich, mein Sohn, auf ewig wieder!
Sei unverzagt! Denn Gott verließ
Noch keinen, der um seinetwillen starb", —
Schon packten Henkersknechte sie; —
Als plötzlich Reisige vom König
Gesandt, den Mördern Halt geboten.
„Halt!" — Wie der Rufer aus den Wolken,
Der Donner stürzt, der Pilger steht
Mit bleichem Antliz — Ha, so stand

Um die Gerichtete der Kreis. —
Die Henker trugen erdwärts ihre Fackeln
Und starrten mit dem Borst der Wimpern
Des Königs Boten an. Er sprach:
„Verfluchter Wahn hat euch, ihr Arme,
Zum Feuertod verdammt; doch frei
Seid ihr! Der König will's." Er schwieg.
„Euch aber trift des Königs Zorn —
Gedungene der Hölle, euch!
Die ihr den Schleier der Religion,
Den Gottes Weisheit nicht auf goldnem Stuhl
Gewebt, zu einer Larve braucht
Des Trugs, der Täuschung, der Höllenmordsucht.
                              Flieht!
Eh' euch der Rache Zackenbliz versengt."
Sie flohen grimmig, schluckten zorn'gen Schaum.
Und plözlich wälzte durch's Gedränge
Des fluthenden Volkes Anne sich,
Hoch über ihrem Haupte tragend
Den Liebling ihres Herzens — ach, den Sohn,
Den sie Sebastian gebahr. Sie kam!
Und fiel, als sie im gelben
Sanbeneditte ihren Trauten sah',
Gestreckt zu seinen Füssen. Dämm'rung
Schwamm um ihr Aug'; es klang ihr Ohr.

D 3   Späth

Späth fluthete das Blut vom Herzen
Zurück in ihre Adern. Als das Leben
Wieder kam, lag' sie im Arm
Sebastians. „Ich habe dich erbethen" —
Sprach sie mit schwachem, zitterndem Ton; —
„Vom König hab' ich dich erbethen —
Auf meinen Knieen lag' ich, hob das Kind
Zu ihm hinauf; er weint' — und Gnade!
Scholl von seinen Lippen! Gnade
Geb' ihm auch Gott dem guten König,
Wenn er einst Gnad' bedarf." Sie eilten
Begleitet von des Königs Herold in die Hütte,
Der graue Vater, und der Sohn, und Anne
Mit ihrem Säugling! — fielen dankend
In der Kammer vor dem Cruzifix
Auf's Knie — und weinten lange. —
Ach Gott, ach Gott, so süsse Thränen
Weint einst der Fromme, wenn sein Engel
Ihn führt zu Jesus Christ. — Und lange
War diese Hütt' ein Tempel, drinn

Jeho=

Jehovah's Lob und Christus Lob
In Hymnen wiedertönte. Seinem Vater
Drückt' selbst Sebastian das Auge
Mit zitterndem Finger zu. Und späth,
Nur wenig Monde nach dem Tode
Seiner trauten Anne, starb er auch:
Das Cruzifix gelegt auf seine Brust.

Bei der
Einweihung der Soldatenkirche
zu Ludwigsburg.

Kein Monument, mit Schweiß und Blut besprizt,
   Kein goldnes Haus, wo stolz auf Marmor=
       quader
Der falsche Ruhm mit Fluch beladen sizt,
   Erthürmt sich heute unser Vater!

Wie bald zerstäubt ein Monument von Erz,
   Auch eingeweiht mit asiat'schem Pompe!
CARL wählt sich Tempel und der Völker Herz
   Zur ew'gen Katakombe.

Er spricht — und Felsenribbe stehen da!
   Geweiht als Heiligthum zu seines Gottes Ehre!
Und Jehovah! und Jehovah!
   Ertönen Kanzel und Altäre!

                           Schon

Schon eilt der Fürst, wie Salomo,
    In's Gotteshaus an seiner Kinder Spize.
Und seine Andacht steigt, wie Loh
    Vom Opfer auf zum Sternensize.

Ha! Rauchgewölk erfüllt das Haus,
    Die Donner der Erhörung reden
Aus einer Wetternacht heraus —
    Die seegnen und nicht tödten:

„Der Himmel ist für meinen Stuhl zu klein,
    Zu klein für meinen Schemel ist die Erde!
Doch weih' ich dieses Haus zu meiner Wohnung ein
    Und den Altar zu meinem Opferherde!"

So spricht der Herr. Der hohen Andacht Gluth
    Ergießt sich schon in Jubellieder!
Es strömt der Taufe Cristallfluth!
    Versöhnung träuft vom Kelche nieder.

Des frommen Priesters Stimme fällt
    In's dürre Herz, wie goldner Regen.
Der Sünder denkt an's Heil der Welt
    Und fühlt den Bluterkauften Seegen.

Die Krieger heben die gestählte Hand
　　Zu Gott am Tag der Tempelweihe,
Sie schwören Gott, dem Vaterland,
　　Und dir, o CARL! den Schwur der Treue!

Und das Soldatenkind hüpft an der Mutter Brust,
　　Vom Vorgefühl der künft'gen Wonne trunken;
Der Kläger selbst fühlt heut nur Himmelslust
　　Auf's Tempelpflaster hingesunken.

Und Ludwigsburg umringt im Strahlenkreis
　　Den grosen Stifter dieser Scene!
In Psalmenflügen tönt ihr Preiß!
　　Es glüht ihr Dank in jeder Thräne!

Wer sind die hundert Arme dort,
　　Um die der Dank die Serafsschwingen breitet?—
CARL — tönt's mit jedem Flammenwort,
　　Hat uns gespeißt, getränkt, gekleidet!

Soldatenwaisen fallen auf's Gesicht,
　　Mit über'm Haupt geschlungnen Händen;
Und was der Waisen Einfalt spricht
　　Schallt himmelan von wiedertönenden Wänden.

Kein

Kein Psalmendonner spricht so laut,
    Wie Waisendank und wie des Armen Zähre—
Wer jedem Elend hilft, wer Gotteshäuser baut,
    Braucht keinen Herold seiner Ehre!

Nur frommer Dank von Deiner Stadt,
    Nur Ehrfurcht strömt zu Deinen Füssen,
O CARL! der unsre Herzen hat,
    Und dem der Wonne Thränen fliessen!

Sei Deinen Kindern ferner hold,
    Erhabner Fürst, die Glorie der Gnade
Umstrahle Dich wie Sonnengold
    Und werfe Licht auf Deines Volkes Pfade.

Dein treues Ludwigsburg liegt hier
    Und läßt aus neuen Tempelhallen
Ein freudiges: Herr Gott dich loben wir!
    Mit heissem Flehn für ihren Fürsten schallen.—

Bei
Einweihung der Carlsuniversität,
als
zugleich die Nachricht von Oetingers
Tod sich verbreitete, 1782.

CARL baut ein schwäbisches Athene! —
    Und ach! im Pomp der Weihe fällt
Des Weisen und des Christen Thräne! —
    Denn Oetinger, der Lehrer einer Welt —

Er, der in's ungeheure Ganze
    Mit scharfem Seheraug' geblickt,
Und ungeblendet von dem Glanze
    Des Wahns — mit Einfalt sich geschmückt; —

Ach Oetinger — der wahre Jesusjünger —
    Der seine Größe zwar gefühlt —
Und doch in Demuth sich geringer
    Als seine jüngsten Brüder hielt; —

Ja Oetinger flog auf in jene Kreise. —

Senkt weinend ihn in's dunkle Grab hinein! —
Denn Er — der Christ! der Edle! und der Weise!!
War' eine hohe Schul' allein.

Selmar

Selmar an seinen Bruder.

O du — wie soll ich dich in meinen Qualen
        nennen?
  Kann ich dich Bruder nennen? — Nein!
Du würdest sonst nicht Bruderblut verkennen
    Und gegen mich ein Tiger seyn!
Und doch beschwör' ich dich beim süssen Bruder-
        namen!
  Sei einmal Mensch, und höre mich!
Sind wir nicht aufgezeugt von eines Vaters
        Saamen?
  Trug meine Mutter nicht auch dich?
Ach denke dran, und blick' in meine Kerkerhöhle,
    Entzieh' dich meinem Jammer nicht!
Und sieh' einmal die Leiden meiner Seele
    Im abgezehrten Angesicht!
                Sieh'

Sieh' diese dünnen, grauen Locken!
Und meiner Wangen Roth verblaicht!
Sieh' dieses Aug' von langem Weinen trocken!
Und höre, wie mein Ach aus kranker Lunge
keucht!

O, neunzehn bange Jahre leiden!
In menschenloser Einsamkeit
Vertrocknen zum Gefühl der Freuden;
Ist eine fürchterliche Zeit! —

Was hab' ich dann gethan? Sprich! Bin ich
ein Rebelle,
Der mit gehobner Faust sein Vaterland ver-
heert?
Bin ich ein Gottesfeind? Ein schwarzer Sohn
der Hölle?
Hab' ich Religion und Wissenschaft entehrt?
Lebt' ich zur Schande unsers Adels?
War ich ein Sklav der niedern Sinnlichkeit?
War ich mit Recht der Vorwurf deines Tadels?
Und hab' ich je die Bruderpflicht entweiht?
Floß falsches Blut aus tückisch bösem Herzen?
War ich ein Heuchler, feig und schlimm?
Empfand ich statt des Mitleids sanften Schmerzen
Des Misantropen schwarzen Grimm?

O Bruder, nein! — zu laut zeugt mein Gewissen;
  Ich kenne diese Frevel nicht.
Was unser Bruderband — dies heil'ge Band zer-
  rissen,
  War Leichtsinn — nicht verlezte Pflicht.

Wenn Traubengold im Kristallglase blinkte,
  So trank' ich oft — vielleicht ein Glas zu
  viel;
Und wenn die Liebe mir aus blauen Augen winkte;
  So war ich nie ein Kloz, ein Hasser vom Ge-
  fühl.

Oft griff ich auch dem Trozer an die Kehle
  Von jugendlichem Muth belebt,
Denn Feigheit haßte meine Seele,
  Und weibisch hat sie nie gebebt.

Doch sprich! Sind dies so schreckliche Verbrechen,
  Die du an mir mit grausamem Verlust
Der Freiheit und des Lebens rächen,
  Ach, so unendlich rächen mußt!

Sind neunzehn Jahre voller Kummer,
  Zum Jammerberge aufgehäuft;
Sind Schauernächte ohne Schlummer,
  Ein Bett mit Thränenfluth beträuft;

Sind

Sind Klagen, die um schwarze Wände fliegen,
　　Ist langsamer verbiß'ner Gram;
Sind Seufzer, die der Brust entstiegen,
　　Seit deine Wuth mir alles nahm;

Sind dies die Strafen meiner Fehler?
　　Ist Leichtsinn solcher Qualen werth?
Und bist du selbst der fürchterliche Quäler,
　　Der, wie ein Geier, sich von meiner Leber
　　　　nährt?

O Bruder glaub's, denn Gott hat's ausge-
　　　　sprochen!
Unmenschlichkeit — ist mehr, als meine Schuld,
Mit Donnern hat er oft den Bruderhaß gerochen,
　　Und Leichtsinn trug er meist mit schonender
　　　　Geduld.

Und dennoch zweifelst du, dein hartes Herz zu zeigen, —
　　Ob Reu' und Buße möglich sei?
Läßst deinen Bruderhaß zum höchsten Gipfel steigen
　　Und spottest meiner Sklaverei.

Ja wäre Gottes Herz von deiner Eisenhärte,
　　So nähm' er nicht die Sünder an;
Er drohte nur mit seinem Flammenschwerdte,
　　Und würgte, weil er würgen kann.

Doch ach, was klag' ich? — Meine Klagen
  Sind doch umsonst! sie prellen ab von dir,
Wie Wellen sich an rauhen Klippen schlagen;
  So hart und grausam bist du mir! —
O ist's dir möglich — so erbarme
  Dich über meine lange Noth!
Beut mir dein Herz und deine Bruderarme,
  Und komm, entreisse mich dem Kerkertod!
Ach laß mich Gottes freie Lüfte
  Doch einmal wieder in mich ziehn,
Einathmen süsse Frühlingsdüfte
  Und an der Brust des Freundes wieder glühn.
Erlaube mir die lezten Reste
  Des kurzen Lebens frei zu seyn;
Hohl mich herab von meiner Veste
  Der langen Zeugin meiner Pein!
Laß mich einmal in jenem Grabe modern,
  Wo unser Vater, unsre Mutter ruht!
Sonst wird dereinst ihr Schatten von dir fodern
  Des Sohnes und des Bruders Blut!
Ach lern' einmal des Mitleids Wonne schmecken!
  Sei Bruder, und erbarme dich.
Doch sollen länger mich des Kerkers Qualen
      schrecken,
  So schwinge deinen Dolch, und komm und
      tödte mich.
                                        Dann

Dann bin ich doch einmal der langen Pein ent-
              rissen,
Der bangen, schreckenvollen Pein;
Denn, ach! das Glück der goldnen Freiheit
              missen,
Heißt mehr als tod, heißt ein Verdammter
              seyn.

An Schiller.

Dank Dir Schiller, für die Wonne,
Die Deinem Gesang entquoll! —
Meines Berges Genius, der Riese,
Ein Schäzer hohen Sangs,
Lauscht' Dir, daß der Kolbe von Stahl
Entsank seiner wolkigten Rechte! —

Auch ich schlang Deinen Gesang,
　　Wie der Langdurstende,
Mit wollüstig geschloßnem Auge
　　Schlirft aus des Baches Frische.

Sah' nicht des eisernen Gitters Schatten,
　　Den die Sonne malt
　　Auf meines Kerkers Boden!

Hörte nicht Fesselgeklirr am wunden Arm,
　　Denn du sangst!
　　Schiller, du sangst!
　　　　　　　　　　Deiner

Deiner Lieder Feuerstrom
Stürzte tönend nieder vor mir;
  Und ich horchte seinem Woogensturze;
  Hoch empor stieg meine Seele
  Mit dem Funkengestäube
    Seiner Fluth.

Da trat vor mich ein Bothe des Himmels; —
Lächelte mir sanft und sprach:
„Ein Bothe des Himmels bin ich
Und bringe deinem trauten Schiller,
Den du so heiß und brüderlich liebst,
An dessen Feuerbusen du jüngst lagst
Und lange dran weintest, —
  Ja deinem trauten Schiller bring' ich
Gottes Gruß — und — Befehle! —
  Daß ihn Laura's Zauberblick
Nicht lockt' in der Wolluft Lache;
Daß er in Laura's flimmendem Auge
  — Gott sah'!
Daß er muthig zürnt
Dem gekrönten Laster!
Daß er's köstlicher hält
  Menschen zu lieben!
  Als zu überfliegen! —

Daß er hörte des Weltalls Sinfonie,
    Beginnend im tausendstimmigen Einklang der
        Liebe,
    Endend im allstimmigen Einklang der Liebe!
    Daß er von seines Felsen Zacken
    Die Sprache des Sturms der Natur
Hinunter in's Menschenwoogende Thal hörte:
    „Kreaturen, erkennt ihr Gott? —
    Kreaturen, erkennt ihr Gott?? —"
Daß er's für Thorheit hält
Mit hektischem Menschenodem
Zu hauchen in Gottes
Lebenden Sturmwind;
Zu beflügeln den ewigen Kreislauf
Der beaugten Räder! —
Daß er beim künftigen Seraph
Den gegenwärtigen Wurm nicht vergißt:
Dies dank' ich deinem Schiller
    Und bring' ihm Gruß des Hocherhabnen!
Auch bring' ich ihm Befehle:
    Den Aetherstrahl des Genius zu brauchen
        Für Gott! —
    Für den Gesalbten Gottes!
    Für's Vaterland!!
Zu stählen seiner Brüder milchzerfloßnen Muth;

                                    Zu

Zu sprechen jenes Lebens Hoffnung
In's Herz des Leidenden!
Die frömmere Thräne
Zu wecken in des Jünglings Blick!
Zu schleudern siebenfach=
Gezackten Bliz, — wenn Laster, Wahn,
Unglaube, Christusläsierung
Aus aller Nacht die Drachenhäupter heben.
Er wird es thun!
— Dein Schiller wird es thun,
Gott gab ihm Sonnenblick,
Und Cherubs Donnerflug,
Und starken Arm zu schnellen
Pfeile des Rächers vom tönenden Bogen.
Ha, früher wird er hören,
Was er kaum glaubt,
Aus seines Himmels goldnen Kreisen
Das Schreien des heiligen Blutes der Söhnung
Hinunter in Höllenschlund:
Gnade! Gnade! Gnade!
Der Ewigkeit Ringe sind zerrissen,
Und Vollendung ist! — " "

Der ewige Jude.
Eine lyrische Rhapsodie.

Aus einem finstern Geklüfte Karmels
Kroch Ahasver. Bald sind's zweitausend Jahre,
Seit Unruh' ihn durch alle Länder peitschte.
Als Jesus einst die Last des Kreuzes trug,
Und rasten wollt' vor Ahasveros Thür;
Ach! da versagt' ihm Ahasver die Rast,
Und stieß den Mittler trozig von der Thür:
Und Jesus schwankt', und sank mit seiner Last.
Doch er verstummt. — Ein Todesengel trat
Vor Ahasveros hin, und sprach im Grimme:
„Die Ruh' hast du dem Menschensohn versagt;
„Auch dir sei sie, Unmenschlicher! versagt,
„Bis daß er kömmt!! —
    Ein schwarzer Höllenstohner
Dämon geisselt nun dich, Ahasver,
Von Land zu Land. Des Sterbens süßer Trost,
Der Grabesruhe Trost ist dir versagt!

       Aus

„Der war mein Vater!
brüllte Ahasverus„ p. 73.

Aus einem finsteren Geklüfte Karmels
Trat Ahasver. Er schüttelte den Staub
Aus seinem Barte; nahm der aufgethürmten
Todenschädel einen, schleudert' ihn
Hinab vom Karmel, daß er hüpft' und scholl,
Und splitterte. „Der war mein Vater! brüllte
Ahasveros. Noch ein Schädel! Ha, noch
Sieben Schädel polterten hinab von
Fels zu Fels! „Und die — und die," mit stierem
Vorgequollnem Auge rast's der Jude:
„Und die — und die — sind meine Weiber — Ha!"
Noch immer rollten Schädel. „Die und die,"
Brüllt' Ahasver, „sind meine Kinder, ha!
Sie konnten sterben! — Aber ich, Verworfner,
Ich kann nicht sterben — Ach! das furchtbarste
     Gericht
Hängt schreckenbrüllend ewig über mir. —

  Jerusalem sank. Ich knirschte den Säugling,
Ich rannt' in die Flamme. Ich fluchte dem
     Römer;
Doch, ach! doch, ach! Der rastlose Fluch
Hielt mich am Haar, und — ich starb nicht.

  Roma, die Riesin, stürzte in Trümmer;
Ich stellte mich unter die stürzende Riesin,

Doch

Doch, sie fiel — und zermalmte mich nicht.
Nationen entstanden, und sanken vor mir;
Ich aber blieb, und starb nicht!!
Von wolkengegürteten Klippen stürzt' ich
Hinunter in's Meer; doch strudelnde Wellen
Wälzten mich an's Ufer, und des Seyns
Flammenpfeil durchstach mich wieder.
Hinab sah' ich in Aetnas grausen Schlund,
Und wüthete hinab in seinen Schlund.
Da brüllt' ich mit den Riesen zehn Mondenlang
Mein Angstgeheul, und geisselte mit Seufzern
Die Schwefelmündung — Ha! zehn Monden
    lang!!
Doch Aetna gohr, und spie in einem Lavastrom
Mich wieder aus. Ich zuckt' in Asch', und lebte
    noch:
Es brannt' ein Wald. Ich Rasender lief
In brennenden Wald. Vom Haare der Bäume
Trof Feuer auf mich —
Doch sengte nur die Flamme mein Gebein,
Und — verzehrte mich nicht.
Da mischt' ich mich unter die Schlächter der
    Menschheit.
Stürzte mich dicht in's Wetter der Schlacht.
Brüllte Hohn dem Gallier!
      Hohn

Hohn dem unbesiegten Deutschen:
Doch Pfeil und Wurfspieß brachen an mir.
An meinem Schädel splitterte
Des Sarazenen hochgeschwungenes Schwerdt.
Kugelsaat regnete herab an mir,
Wie Erbsen auf eiserne Panzer geschleudert.
Die Blize der Schlacht schlängelten sich
Kraftlos um meine Lenden,
Wie um des Zackenfelsen Hüften,
Der in Wolken sich birgt. —
Vergebens stampfte mich der Elephant;
Vergebens schlug mich der eiserne Huf
Des zornfunkelnden Streitrosses.
Mit mir berstete die pulverschwangre Mine,
Schleudert' mich hoch in die Luft!
Betäubt stürzt' ich herab und fand mich — ge-
röstet
Unter Blut und Hirn und Mark,
Und unter zerstümmelten Aesern
Meiner Streitgenossen wieder.
An mir sprang der Stahlkolben des Riesen.
Des Henkers Faust lahmte an mir —;
Des Tiegers Zahn stumpfte an mir;
Kein hungriger Löw' zerriß mich im Zirkus.
Ich lagerte mich zu giftigen Schlangen;

Ich

Ich zwickte des Drachen blutrothen Kamm;
Doch die Schlange stach — und mordete nicht!
Mich quälte der Drache und mordete nicht!

Da sprach ich Hohn den Tyrannen,
Sprach zu Nero: Du bist ein Bluthund!
Sprach zu Christiern: Du bist ein Bluthund!
Sprach zu Mulei Ismael: Bist ein Bluthund!
Doch die Tyrannen ersannen
Grausame Qualen, und würgten mich nicht.
Ha! Nicht sterben können! nicht sterben können!
Nicht ruhen können nach des Leibes Mühen!
Den Staubleib tragen! Mit seiner Todtenfarbe,
Und seinem Siechthum! Seinem Gräbergeruch!
Sehen müssen durch Jahrtausende
Das gähnende Ungeheuer Einerlei!
Und die geile, hungrige Zeit,
Immer Kinder gebährend, immer Kinder verschlin=
genb! —
Ha! Nicht sterben können! nicht sterben können!! —
Schrecklicher Zürner im Himmel,
Hast du in deinem Rüsthause
Noch ein schreckliches Gericht? —
Ha, so laß es niederdonnern auf mich! —
Mich wälz' ein Wettersturm

Von Karmels Rücken hinunter,
Daß, ich an seinem Fuße
Ausgestreckt lieg' —
Und keuch' — und zuck' und sterbe!! — "

Und Ahasveros sank. Ihm klang's im Ohr;
Nacht deckte seine borst'gen Augenwimper.
Ein Engel trug ihn wieder in's Geklüft.
„Da schlaf nun," sprach der Engel, „Ahasver,
Schlaf süßen Schlaf; Gott zürnt nicht ewig!
Wenn du erwachst, so ist Er da,
Des Blut auf Golgatha du fließen sah'st;
Und der — auch dir verzeiht."

Die

Die Fürstengruft.

Da liegen sie, die stolzen Fürstentrümmer,
　　Ehmals die Gözen ihrer Welt!
Da liegen sie, vom fürchterlichen Schimmer
　　Des blassen Tags erhellt!

Die alten Särge leuchten in der dunklen
　　Verwesungsgruft, wie faules Holz,
Wie matt die grosen Silberschilde funkeln!
　　Der Fürsten lezter Stolz.

Entsezen packt den Wandrer hier am Haare,
　　Geußt Schauer über seine Haut,
Wo Eitelkeit, gelehnt an eine Bahre,
　　Aus hohlen Augen schaut.

Wie fürchterlich ist hier des Nachhalls Stimme!
 Ein Zehentritt stöhrt seine Ruh.
Kein Wetter Gottes spricht mit lautrem Grimme:
 O Mensch, wie klein bist du!

Denn ach! hier liegt der edle Fürst! der Gute!
 Zum Völkerseegen einst gesandt,
Wie der, den Gott zur Nationenruthe
 Im Zorn zusammenband.

An ihren Urnen weinen Marmorgeister;
 Doch kalte Thränen nur von Stein,
Und lachend grub — vielleicht ein welscher Meister,
 Sie einst dem Marmor ein.

Da liegen Schädel mit verloschnen Blicken,
 Die ehmals hoch herabgedroht,
Der Menschheit Schrecken! — Denn an ihrem Nicken
 Hieng Leben oder Tod.

Nun ist die Hand herabgefault zum Knochen,
 Die oft mit kaltem Federzug
Den Weisen, der am Thron zu laut gesprochen,
 In harte Fesseln schlug.

Zum Todtenbein ist nun die Brust geworden,
　　Einst eingehüllt in Goldgewand,
Daran ein Stern und ein entweihter Orden,
　　Wie zween Kometen stand.

Vertrocknet und verschrumpft sind die Kanäle,
　　Drinn geiles Blut, wie Feuer floß,
Das schäumend Gift der Unschuld in die Seele,
　　Wie in den Körper goß.

Sprecht Höflinge, mit Ehrfurcht auf der Lippe,
　　Nun Schmeichelei'n in's taube Ohr! —
Beräuchert das durchlauchtige Gerippe
　　Mit Weihrauch, wie zuvor!

Es steht nicht auf, euch Beifall zuzulächeln,
　　Und wihert keine Zoten mehr,
Damit geschminkte Zofen ihn befächeln,
　　Schaamlos und geil, wie er.

Sie liegen nun, den eisern Schlaf zu schlafen,
　　Die Menschengeisseln unbetraurt!
Im Felsengrab, verächtlicher als Sklaven,
　　In Kerker eingemaurt.

　　　　　　　　　　　Sie,

Sie, die im ehrnen Busen niemals fühlten
    Die Schrecken der Religion,
Und Gottgeschaffne, beßre Menschen hielten
    Für Vieh, bestimmt zur Frohn;

Die das Gewissen jenem mächt'gen Kläger,
    Der alle Schulden niederschreibt,
Durch Trommelschlag, durch welsche Trillerschläger
    Und Jagdlerm übertäubt;

Die Hunde nur und Pferd' und fremde Dirnen
    Mit Gnade lohnten, und Genie
Und Weisheit darben ließen; denn das Zürnen
    Der Geister schreckte sie.

Die liegen nun in dieser Schauergrotte
    Mit Staub und Würmern zugedeckt,
So stumm! so ruhmlos! — Noch von keinem Gotte
    In's Leben aufgeweckt.

Weckt sie nur nicht mit eurem bangen Aechzen
    Ihr Schaaren, die sie arm gemacht,
Verscheucht die Raben, daß von ihrem Krächzen
    Kein Wüthrich hier erwacht!

Hier klatsche nicht des armen Landmanns Peitsche,
    Die Nachts das Wild vom Acker scheucht!
An diesem Gitter weile nicht der Deutsche,
    Der sich vorüberkeucht!

Hier heule nicht der bleiche Waisenknabe,
    Dem ein Tirann den Vater nahm;
Nie fluche hier der Krippel an dem Stabe,
    Von fremdem Solde lahm.'

Damit die Quäler nicht zu früh erwachen;
    Seid menschlicher, erweckt sie nicht.
Ha! früh genug wird über ihnen krachen,
    Der Donner am Gericht.

Wo Todesengel nach Tirannen greifen,
    Wenn sie im Grimm der Richter weckt,
Und ihre Greu'l zu einem Berge häufen,
    Der flammend sie bedeckt.

Ihr aber, beßre Fürsten, schlummert süsse
    Im Nachtgewölbe dieser Gruft!
Schon wandelt euer Geist im Paradiese,
    Gehüllt in Blüthenduft.

                      Jauchzt

Jauchzt nur entgegen jenem grosen Tage,
　　Der aller Fürsten Thaten wiegt,
Wie Sternenklang tönt euch des Richters Wage,
　　Drauf eure Tugend liegt.

Ach, unterm Lispel eurer frohen Brüder —
　　Ihr habt sie satt und froh gemacht,
Wird eure volle Schaale sinken nieder,
　　Wenn ihr zum Lohn erwacht.

Wie wird's euch seyn, wenn ihr vom Sonnenthrone
　　Des Richters Stimme wandeln hört:
„Ihr Brüder, nehmt auf ewig hin die Krone,
　　Ihr seid zu herrschen werth."

Aderlässe.

Des Lebens Purpurstrahl
Fährt schäumend aus der kleinen Rize;
O Schöpfer! wann verfliegt einmal
Dies Blut, das ich in fauler Rast versprize?

Soll alle meine Kraft
Im Feuer banger Qualen schmelzen?
Gebricht's nicht bald an neuem Saft,
Die Kügelchen des Blutes fortzuwälzen?

Du bist so heiß, o Blut!
Was sprudelst du in dieser irdnen Schale?
Hast du noch Gluth, noch Sonnengluth?
Zückt Freiheit noch in deinem rothen Strahle?

O Arzt! so binde du
Nur schnell, nur schnell mit deiner Binde
　　Die offne Ader wieder zu:
Denn Freiheit ist des Deutschen größte Sünde!

Doch willst du nimmer heiß,
O Blut! aus deinen Röhren schiessen;
　　Willst frostig, wie zerschmolznes Eiß
Vom nakten Fels, in kalten Tropfen fliessen;

So fliesse, fliesse nur —
Kein Fürst wird deine Kälte strafen;
　　Denn kalte, frostige Natur
Schickt sich allein für arme deutsche Sklaven.

Palinodie an Bacchus.

Quid non ebrietas designat?
Blandus daemonus, dulce venenum.
Seneca.

Der du mit deinen Tiegern an dem Wagen
 Einst Indien durchzogst,
Und dich, dem Erebus entstiegen,
Hochaufgeschwellt von deinen Siegen
 Zum Gotte des Olympos logst!

Dich sing' ich nicht, wie Dichter deine Sklaven,
 Erst vollgefüllt aus deinem Horn;
Denn hoch die Thyrsusstäbe schwingend,
Und Evoe im wilden Rausche singend —
 Ich singe, Bacchus, dich im Zorn.

Im

Im Zorne, daß du auch Thuiskons Wälder
  Zertrat'st in deinem Drachenzug;
Daß du die weingefüllten Römerschädel
Dem Volke bot'st: ehmals so groß, so edrl,
  Das Varus Legionen schlug;

Daß du mit deinen Giften ihre Knochen,
  Ehmals, wie Erzt, in Brei verkocht;
Und den zum Siechling umgeschaffen,
Dem sonst beim eisern Klang der Waffen
  Der Busen aufgepocht.

Wer lehrt das Biedervolk im Eichendunkel schwelgen?
  Wer hat mit toller Trunkenheit,
Im Klubbe rasender Bachanten,
Mit Schläuchen, Flaschen, vollen Kanten,
  Den Hain Germanicus entweiht?

Wer machte Menschen reissender als Tieger,
  Die deinen Wagen ziehn?
Wer lehrt das trunkene Geschlechte,
Den Dolch des Aufruhrs in der Rechte,
  Von Höllenmordlust glühn?

Wer lockt zum Lerm bei ekeln Saufgelagen,
  Als Schreyer, Bachus! du?
Dir brüllen deine Taumelschaaren,
Mit borstigen und wildzerzausten Haaren
  Ihr Evoe bachantisch zu.

Ha! wer zerstört die köstliche Behausung
  Des Menschengeistes? Wessen Glut
Befleckt den Blick mit dieser blut'gen Röthe,
Und preßt die Augen, wie der Kröte,
  Mit giftgetränkter Wuth?

Wer schuf die Bläue auf des Jünglings Lippe?
  Wer hat der Wangen Blume abgestreift?
Ach! diese Blum', so farbigt sonst, so heiter!
Wer zeugt der Hektik faulen Eiter,
  Der aus der Lunge pfeift?

Noch schrecklicher, wer mordet Geister,
  Als du, als Daemon Bacchus! du?
Wer geißelt sie in einer schwarzen Stunde,
Die Geister deiner Sklaven — ha! dem Schlunde
  Des gähnenden Abyssus zu?

                              Einst

Einst kannt' ich einen Jüngling, blühend,
    Wie Eros war des Jünglings Blick;
Ihm senkte Gott Gesang der Musen,
Und Tiefgefühl und Großgefühl im Busen —
    Er war der Menschheit Stolz und Glück.

Doch neidisch flog ein Teufel aus der Hölle
    Mit einem goldenen Pokal.
Es äugelte der Wein in dem Pokale;
Der Jüngling sah' ihn blinken in dem Strahle
    Des Monds, den täuschenden Pokal!

Mit halbgeschloßnen Augen schlürfte
    Er, ach! des süßen Giftes viel;
Allmählig dorrten seine Kräfte,
Zur faulen Lache wurden seine Säfte,
    Und traurig schwieg sein Saitenspiel.

Ich sah den Jüngling — ach! im frischen Lenzen
    Sah' ich ihn schon verblühn;
Sah' liegen ihn im Sarg auf Hobelspänen;
Sein Mädchen sah' ihn auch — Mit welchen Thränen
    Benezt sein Mädchen ihn? —

Ihr Blüthen meines Vaterlandes!
  Ihr Jünglinge, in deren Herz
Genie, die Gottesflamme, lodert,
Wenn Bacchus euch, als seine Sklaven, fodert
  Zum Sof und zum Menädenscherz;

So denkt, ihr hört's vom hellen Himmel donnern,
  „O Jüngling! trau dem Daemon nicht;
Er führt dich an verborgnen Fesseln,
Und peitscht dich einst mit wilden Nesseln,
  Hohnlachend vor's Gericht.

Gab Gott dir Geist, ihn stürmisch wegzubrüllen,
  Beim ekeln Trinkgelag?
O schrecklich wird Gott seine Gaben heischen,
Wo keine Teufel mehr betrogne Menschen täuschen,
  An der Entscheidung grossem Tag!

Ha, Bacchus! hab' ich jemals auch getaumelt
  Um deinen Wagen, höre mich!
Dir sei es hier vor meiner Brüder Ohren
Im feierlichsten Schwur geschworen:
  Hörst's, Taumelgott! Ich hasse dich!

Gottes

Gottes ewiger Rathschluß.

Wir fielen tief, wir fielen tief;
  Du hast den Fall gesehen:
Eh' noch dein Wort der Erde rief,
  Und Sonnen hieß entstehen,
Da sah'st du schon der jungen Welt
  Die Einfalt, das Vergnügen,
    Stumm entfliegen;
Sah'st Adam auf dem Distelfeld,
  Und Abel blutig liegen.

Da sah'st du schon dein Ebenbild
  Im Menschen fast verblichen;
Sah'st uns von Wahn und Laster wild,
  Und weit von dir entwichen.
Sah'st schon die allgemeine Fluth,
  Hört'st das Geächz' der Seuchen,
    Und bei Leichen,
Gemordet von der Krieger Wuth,
  Die Todtengräber keuchen.

Sah'st schon Tirannen in dem Sand
Die heissen Wunden schlizen,
Und fluchend mit der bleichen Hand
Ihr Blut gen Himmel sprizen;
Sah'st auf der Erde weitem Schooß
Der Höllengözen Larven:
Dich verwarfen
Die Deinen, Blut des Säuglings floß
Beim Schall entweihter Harfen.

Sah'st unter wilder Lüste Schwarm
Erstickte Menschenseelen,
Und, ach! verscheuchter Frommen Harm
In dumpfen Felsenhöhlen:
Hört'st Wuthgebrüll und Angstgeschrei,
Und aus verruchten Rachen
Spötter lachen;
Sah'st Ehrsucht, Goldburst, Heuchelei,
Die Welt zur Hölle machen.

Auch sah'st du, Gott! den vollen Strom
    Des Bluts der Zeugen fliessen;
Sah'st schon Jerusalem und Rom
    Den Mord der Frommen büssen.
Doch, ach! wer deckt den Jammer auf,
    Den du von deinen Höhen,
        Gott! gesehen?
Wer kennt des Wahns und Lasters Lauf,
    Und zählt der Erden Wehen?

Was solltest du, Weltrichter, thun?
    Die Sünderwelt zerstäuben?
Die Frevler all' mit ihrem Thun
    In Höllennächte treiben?
Du nahmst die Waag'; es blizten schon
    Von fürchterlichen Strahlen
        Ihre Schalen:
Schon wägst du der Empörer Lohn,
    Vernichtung oder Qualen.

Doch,

Doch, eh' die Schal Entscheidung zückt,
      So stand der Sohn am Throne,
Mit Blicken, wie die Liebe blickt,
      Und sprach: O Vater! schone.
Ich will das Lamm zum Opfer seyn,
      Will bluten für Verbrecher.
            Schone, Rächer!
Und schenke mir, dem Bürgen, ein,
      Den zorngefüllten Becher.

Da nahmst du, Gott! den Bürgen an.
      Mit Mienen, hell von Gnade,
Sah'st du von ferne Kanaan
      Und deines Sohnes Pfade,
Gethsemane und Golgatha,
      Mit Opferblut beflossen.
            Ausgegossen
Wie Wasser, hieng der Mittler da,
      In Dunkel eingeschlossen.

Da

Da hörtest du: „Es ist vollbracht!"
Herauf vom Hügel tönen;
Nun fühltest du der Liebe Macht,
Und liessest dich versöhnen.
Gott ist die Liebe! jauchzt die Schaar
Der Geister, stark im Meere;
Ihre Heere,
Sie sangen dir, der ist und war,
Und dem Erwürgten Ehre.

Gott ist die Liebe, Jesus ist
Die Liebe; sing's, o Sünder!
Der du so hoch begnadigt bist,
Und lehr' es deine Kinder.
Er liebte dich von Ewigkeit;
Wir sollten ihn nicht lieben?
Den betrüben,
Der uns vom ew'gen Fluch befreit?
Nicht jede Tugend üben?

Ja,

Ja, lieben, lieben wollen wir
  Dich ewig, Gott der Liebe!
Doch heilige, wir flehen dir,
  Erst unsers Herzens Triebe!
Dann sei es, Gott! dir ganz geweiht,
  Und ihm, des Weibes Saamen!
    Amen! Amen!
Von Ewigkeit zu Ewigkeit
  Sei Ehre deinem Nahmen!

Die Aussicht.

Schön ist's, von des Thränenberges Höhen
Gott auf seiner Erde wandlen sehen,
   Wo sein Odem die Geschöpfe küßt.
Auen sehen, drauf Natur, die Treue,
Eingekleidet in des Himmels Bläue,
   Schreitet, und wo Milch und Honig fließt!

Schön ist's in des Thränenberges Lüften
Bäume sehn, in silberweissen Düften,
   Die der Käfer wonnesummend trinkt;
Und die Strasse sehn im weiten Lande,
Menschenwimmelnd, wie vom Silbersande
   Sie, der Milchstraß' gleich am Himmel, blinkt.

Und den Nekkar blau vorüberziehend,
In dem Gold der Abendsonne glühend,
  Ist dem Späherblicke Himmelslust;
Und den Wein, des siechen Wandrers Leben,
Wachsen sehn an mütterlichen Reben,
  Ist Entzücken für des Dichters Brust.

Aber, armer Mann, du bist gefangen;
Kanst du trunken an der Schönheit hangen?
  Nichts auf dieser schönen Welt ist dein!
Alles, alles ist in tiefer Trauer
Auf der weiten Erde: denn die Mauer
  Meiner Veste schließt mich Armen ein!

Doch herab von meinem Thränenberge
Seh' ich dort den Moderplaz der Särge;
  Hinter einer Kirche streckt er sich
Grüner als die andern Pläze alle: —
Ach! herab von meinem hohen Walle
  Seh' ich keinen schönern Plaz für mich!

An

An den Mond.

Da steht der Mond! verweile,
 Verweile, lieber Mond,
Wo ein Genoß der Eule,
 In Felsentrümmern wohnt. —

An meiner Handbreit Himmel
 Steh still und säusle Ruh!
Nach soviel Angstgetümmel
 Dem müden Herzen zu.

Doch scheinst du mir so trübe;
 Dies Leichenangesicht
Ist nicht das Bild der Liebe,
 Das Trost herunter spricht.

So blaß, so bangsam stille
    Sah ich nie deinen Schein.
Mich dünkt, o Mond! dich hülle
    Ein Todenschleier ein.

So hast du nicht geschienen,
    Wenn ich dich ehmals sah',
Mit diesen bleichen Mienen
    Und diesen Flecken da.

Sind's Thränen, diese Flecken,
    Die dein Bewohner weint,
Wenn Kerkernächt' ihn schrecken
    Und keine Sonn' ihm scheint?

Gibt's dann, du Nachtgefährde,
    Bei dir auch so viel Qual,
Wie hier auf unsrer Erde
    Im Todenschedelthal?

Ach nein! nur uns Betrübte
    Trift Kerkerqual und Tod.
Dort wandlen Gottgeliebte
    Vom Elend unbedroht.

Doch säuselst du auch Freuden,
　　Du lieber Mond herab,
Und kühlst nach heissen Leiden
　　Den Erdenpilger ab.

Wenn im Gefühl der Schmerzen
　　Uns eine Thrän' entfällt;
So füllst du unsre Herzen
　　Mit Ahndung jener Welt.

Dem Frommen und dem Weisen,
　　Den Seelen voll Gefühl,
Die deine Schöne preisen,
　　Gibst du der Freuden viel.

Vielleicht mit hellen Wangen,
　　Wird — ach mein Miller! — jezt
An deiner Scheibe hangen,
　　Von Simpathie durchblizt.

Faß' ihn mit einem Schauer
　　Und zeig' ihm dann mein Bild
Von tiefer, stummer Trauer
　　Und langem Elend wild.

Zeig' ihm mein strohern Bette
    Des Kerkers feuchte Nacht,
Und diesen Ring, zur Kette
    Für seinen Freund gemacht.

Mahl' seinem zarten Sinne
    Die Wand hier, schwarz vom Rauch,
Bekrochen von der Spinne
    Und von des Wurmes Bauch.

Mahl' ihm die Eisenstange,
    An der dein Licht verbleicht,
Wo trüb und stumm und bange
    Der Tag vorüber schleicht;

Das fürchterliche Schweigen
    Der Menschen um mich her,
Mein Jammern ohne Zeugen,
    Mein Herz vom Troste leer.

Zeig' ihm die Nadelspize,
    Die meine Adern zwingt,
Bis aus der Purpurrize
    Blut statt der Dinte springt.

Zeig' ihm den Ziegelboden,
　　Wo ich so manchen Tag
Gestreckt, gleich einem Todten,
　　In starrer Ohnmacht lag;

Wenn dann im Angesichte
　　Des Edlen Thränen glühn,
So tret' in deinem Lichte
　　Mein Engel vor ihn hin.

Und sage: Miller, traurend
　　Verlies ich deinen Freund
Im Kerker; Sehnsuchtschaurend
　　Hat er nach dir geweint.

Ach, bet' in Mondglanznächten,
　　Um deines Freundes Tod.
Das Beten des Gerechten
　　Vermag ja viel bei Gott.

O Mond! noch immer trübe
　　Blickst du aus weissem Flor?
Bescheinst du meine Liebe?
　　Sieht sie nach dir empor?

Kniet sie in ihrer Kammer?
 Und betet sie für mich?
So stille ihren Jammer
 O Mond, ich bitte dich.

Kühl' sie mit Himmelslüften,
 Wenn ihre Wange glüht,
Und sie in deinen Düften
 Mich Armen schweben sieht.

Ach, meinem Arm entrissen
 Weint sie villeicht um mich;
Und unsre Blicke küssen
 Auf deiner Scheibe sich.

Du liebe Gattinn, sterben —
 Ach sterben möcht' ich nun.
Mein Kleid im Mondglanz färben,
 In seinen Thalen ruhn.

Genug hab' ich gestritten
 Mit tausendfacher Noth;
Willst du um etwas bitten,
 So bitt' um meinen Tod.

Dann

Dann fliegt vom Aschenberge
 Die Seel, o Mond, zu dir
Und läßt gefüllte Särge
 In Gräbern unter ihr.

Du meine Wittwe, blicke
 Dann froh hinauf zum Mond,
Wo frei vom Mißgeschicke
 Dein armer Gatte wohnt.

Sieh'st du am Mond vorüber
 Ein Wölklein ziehn; so sprich:
Dort kommt vielleicht mein Lieber
 Und betet nun für mich.

Einst flieg' ich dir, du Treue,
 Entgegen, wenn dein Geist,
Beströhmt von Himmelsbläue
 Und Mondglanz, Jesum preißt.

O Trost, nun klag' ich nimmer
 So wütend meinen Schmerz;
Denn Hoffnung, hell vom Schimmer
 Des Monds, erquickt mein Herz.

Die Linde.

Warſt ſo ſchön, breitwipfligter Baum,
    Als dir ſchwollen die Knoſpen,
Als du Blüthendüfte verhauchteſt;
    Warſt' ſo ſchön!

Dich umſumt' im Lenzabend der Käfer,
    Geflügelte Ameiſen ſchwärmten
Wie Mittagswölkchen, die die Sonne
    Verſilbert, um deinen Blüthenzweig.

Die Blüthe fiel; da warſt du grün
    Und ſtärkteſt mein Auge,
Das an's falſche Dunkel meines Kerkers
    Gewöhnt, blinzt' im Sonnenſtrahl.

Und nun biſt du halbnackt;
: Der Herbſtſturm blies in deinen Scheitel,
Und deinen Schmuck; die goldnen Blätter,
: Wälzt nun woogend der Odem des Sturms.

Die ſchwarzen Aeſte ſtarren traurend
: Ihrer Decke beraubt, in die Luft.
Dich flieht der Sperling, denn du biſt
: Ihm nicht mehr Hülle gegen den Sperber.—

Einſt knoſpete ich, o Linde!
: Schöner, als du. Trug Blüthen
Des Knaben, des Jünglings, die ſüſſer
: Düfteten, als du im Frühlingsſchmuck.

Meine geringelte Seidenlocken
: Waren ſchöner, als dein grünes Haar.
Schöner, als deines Finken und Diſtelvogels
: Scholl mein Geſang und Flügelſpiel.

Ich war ein Mann, breitwipfligt
: Und lieblich im Sonnenſtral ſpielend.
Meines Geiſtes Fittig deckte die Meinen,—
: Wie dein ſchattender Wipfel den Pilger.

Aber

Aber ach! mein Herbſt iſt gekommen;
  So früh iſt ſchon mein Herbſt gekommen!—
Das Schickſal blies mit kaltem ſtürmendem Odem;
  Und meine Blätter fielen.

Heiſſer iſt mein Geſang;
  Die geflügelte Rechte lahmt
Auf den braunen Toſten
  Des goldnen Saitenſpiels.

Meine Fantaſie, der Rieſe,
  Zuckt ausgeſtreckt, wie ein Geripp'
Im Staube. Mein Wiz, die Roſe,
  Ligt entblättert, zerknickt.

Fern' iſt meine Liebe;
  Meine Kinder ſind ferne; —
Der ſchwarze, ſtarre, enthaarte Aſt
  Vermag nicht mehr zu ſchatten die Lieben!

Preiß der Einfalt.

Einfalt, Braut des Schöpfers höre
Deinen Lobgesang von mir!
Wär' er doch zu deiner Ehre
Fromm wie du, und ohne Zier!
Gottgetreue!
Komm und weihe
Mich zum Lobgesang von dir!

Eh' ein Engelaug die Sonne,
Mond und Sterne werden sah,
Stand'st du schon in deiner Wonne
Vor dem Geisterschöpfer da,
Ohne Hülle,
In der Fülle,
In der Schönheit stand'st du da.

Lächlend stand'st du ihm zur Seite,
Als er aus der Nächte Schooß
Sonnen rief, und seinem Kleide
Jene Straß, — wie Milch entfloß!
Als er Meere
In die Leere
Ungeheurer Räume goß.

Neugebohrne Engel sangen
Erst den Herrn, der sie gebaut!
Aber als die Harfen klangen,
Klangen sie von seiner Braut:
„ Sei willkommen
Licht der Frommen!
Einfalt, die vom Himmel schaut!"

Wonne schuf'st du und Entzücken,
In dem ersten Menschenpaar!
Sah'st herab in Adams Blicken,
Säuseltest in Evens Haar,
Düftend sproßen
Weiße Rosen
Die dein reiner Hauch gebahr.

Eh'

Eh' dein Aug vom Paradiese
    Sich mit Thränen weggewandt,
Leckten Tiger deine Füsse
    Leoparden deine Hand,
        Vor dir scherzte
        Der Beherzte
        Löw' und ernste Elephant.

Aus den kleinsten Vogelkehlen
    Scholl' dein Lob mit süssem Schall;
Vor dir girrten Taubenseelen,
    Sang' die Seel' der Nachtigall;
        Auf der Bäche
        Silberfläche
        Hüpften Fisch' in deinem Strahl.

Doch als Eva ihrem Lieben,
    Ach! den Todesapfel bot,
Bebtest du um sie mit trüben
    Augen, blaßtest ab, wie Tod.
        Thränen flossen;
        Und die Rosen
        Wurden von den Thränen roth.

Noch

Noch bliebst du auf unsrer Erde,
: Die den Jugendreiz verlohr, —
War'st bei Abels Wollenheerde,
: Doch gehüllt in Trauerflor.
:: Mit den Düften
:: Von den Triften
:: Stieg' auch dein Gebet empor.

Bleich entfloh'st du, als die Keule
: Träufelte von Bruderblut,
Hinter dir in wilder Eile
: Zog der Hölle Lasterbrut. —
:: Bis das Wasser
:: Deine Hasser
:: All' ersäuft' in schwarzer Fluth.

Als Gott auf dem Regenbogen
: Gnadestralend stand' und sah',
Wie die Opfer Noah's zogen,
: Warst du, Einfalt, wieder da,
:: Sahst des Alten
:: Hände falten,
:: Warst ihm ungesehen nah.

Um der Patriarchen Hütten,
 Himmelstochter, schwebtest du;
Seegen quoll in deinen Tritten,
 Aus den Augen blickte Ruh:
  Deine Mienen
  Strahlten ihnen
Reine Lieb und Unschuld zu.

Du begeistertest den Sänger,
 Der die hohen Psalmen sang',
Und mit unsichtbarem Finger
 Lenktest du der Harfe Klang,
  Daß der Töne
  Himmelsschöne
Jauchzend sich der Erd' entschwang.

Mächtig, zu der Himmel Staunen
 Thatst du durch der Seher Mund
Einst im Donner der Posaunen
 Gottes tiefen Rathschluß kund.
  Der Verbrecher
  Fühlt' den Rächer,
Und erfüllte nun den Bund.

Als die grosse Nacht sich hellte,
    Jene Heilnacht, warst du nicht
Bei den Hirten auf dem Felde?
    Sangst mit stralendem Gesicht:
       „Freude! Freude!
       Euch ist heute
Heil gebohren, zittert nicht!"

Warst du nicht beim Himmelskinde,
    Wenn es fromm vor dir gespielt?
Nicht im Sommerabendwinde,
    Der die Wang' ihm abgekühlt,
       Wenn er knieend,
       Andacht glühend,
Seiner Brüder Noth gefühlt? —

Um den mächtigsten Propheten
    Strahltest du wie Morgenroth,
Sahst es, wenn er bald durch Reden,
    Bald durch Thaten Hülfe both!
       Sahst Marien
       Vor ihm knieen
Als Er lehrte: Eins ist noth!

Göttinn, bist du nicht diß Eine?
Ist die Kindheit nicht dein Bild?
Oder bist du's, die das kleine,
　　Weiche Herz, mit Unschuld füllt?
　　　　Schaffst du jene
　　　　Erste Thräne,
　　Die aus Jesusliebe quillt?

Ja, du Zierde der Geschlechter,
　　Ja du bist's! dich kennt der Knab;
Bräutlich schmückst du fromme Töchter
Und bist ihre Morgengab.
　　　　Aus den blauen
　　　　Augen thauen
　　Tropfen reiner Lieb' herab.

Du läß'st dich im Dorfe nieder,
　　Auf des Landmanns Schindelbach,
Lehrst den armen Hirten Lieder,
Angelst am Forellenbach.
　　　　Flichst die Kränze,
　　　　Lenkst die Tänze,
　　Schleichst der jungen Unschuld nach.

Und an Gräbern pflanzst du Stengel,
    Vom bethränten Roßmarin.
Machst die flittergoldnen Engel,
    Steckst die schwarzen Kreuze hin.
        Sprichst: „Ihr Müden
        Ruht im Frieden!
Dann der Tod ist euch Gewinn."

Du bists, die den Deutschen Helden
    Unbesiegte Stärke gab,
Ihre schraffe Sehnen schnellten
    Pfeil' und grose Thaten ab. —
        Bardenlieder
        Tönten wieder;
Und du sahst vom Mond herab.

Mit der Wahrheit, deiner Schwester,
    Hast du Luthern einst beschüzt,
Machtest seinen Harnisch fester,
    Als der Bann auf ihn geblizt.
        Durch dich haben
        Tausend Gaben
Unserm Vaterland genüzt.

                                Dich

Dich verscheuchen Künsteleien
    Von der Tiber und der Sain,
Drum besuchst du die Getreuen
    An der Donau und am Rhein;
        Hüllst dich immer
        Ohne Schimmer
    Gern in Deutschen Kittel ein:

Oder zeichnest deine Tritte
    In den ew'gen Alpenschnee,
Siehst die ernste fromme Sitte
    Fahren auf dem Zürchersee.
        Schickst Gesänge
        Im Gedränge
    Freier Schweizer in die Höh.

In den alten Tempelhallen
    Weilst du, wo die Unschuld kniet;
Siehst des Armen Zähre fallen,
    Der von dir gen Himmel sieht!
        Schwingst die Palme,
        Unter'm Psalme!
    Tönst im sanften Kirchenlied.

H 3   Fromme

Fromme Dichter, stille Weise
    Werden sanft von dir beweht,
Und der Künstler, der im Schweiße
    Seiner Stirne vor dir steht,
        Und der Alte
        Der im Walde
Mit des Mondes Düften geht.

Und vom sonnbeglänzten Hügel
    Lächelst du den Christen an,
Schläg'st die weissen Taubenflügel,
    Zeigst hinauf zur Wolkenbahn,
        Wo kein Leiden
        Seine Freuden,
Wie ein Dämon, stöhren kann.

Hoher Engel, ach ich bitte
    Dich mit aufgehobner Hand,
Komm in meine Kerkerhütte,
    Wo die Welt mich hingebannt.
        Ach ich habe
        Dich als Knabe,
Engel, ja so gut gekannt.

Bring

Bring die Freuden meiner Jugend,
   Bring sie mit die goldne Zeit,
Demuth, Unschuld, jede Tugend,
Die dich an den Kindern freut.
      Mach sie helle
      Diese Zelle,
Voll von schwarzer Traurigkeit.

Kühle mich in meinem Jammer,
   Sprich aus Gotteswort zu mir!
Auch in dieser Felsenkammer
   Ist der Ewige bei dir!
      Wenn mein Glaube
      Zagt im Staube
Halt' ihm Jesu Leiden für.

Wenn ich sterbe, o so fächle
   Mir die lezte Kühlung zu,
Und im Thal des Todes lächle
   Der getrennten Seele zu!
      Auserkohrne
      Gottgebohrne!
Bringe sie zur ew'gen Ruh.

Ach dann steig' ich in die Freie
   Aus dem Sklavenneſt empor,
Seh' dich wieder, Gottgetreue
   Einfalt, ohne Trauerflor! —
     Engel trage
     Meine Klage
Betend vor des Schöpfers Ohr!

Vermischte Gedichte
Zweytes Buch.

Fluch des Vatermörders.
Eine Romanze.

Ihr Mädels kommt, ihr Buben kommt,
    Daß ich euch was erzähle!
Es steht im heil'gen Bibelbuch:
Den Vatermörder trift der Fluch,
    Ein Fluch an Leib und Seele.

Einst sprach vom Berge Sinai
    Der Herr aus schwarzen Wettern:
„Verehr' den Mann, der dich gezeugt,
Verehr' das Weib, das dich gesäugt,
    Sonst werd' ich dich zerschmettern."

Ein Edelmann aus Bayerland
    Thät sich zum Hochzeitfeste
Gar stattlich rüsten: Ungerwein,
Auch Wildbrett, Fisch und Zuker fein
    Kauft er für seine Gäste.

Ein Fräulein war Brautführerin,
    Man hieß sie Kunigunde;
Da gieng es an ein Leben, ha!
Da schmaust' und tanzt' man Hopsasa
    Bis um die zwölfte Stunde.

Weil wenig Plaz im Schloße war,
    Mußt' Kunigunde liegen
In einem alten schwarzen Thurm,
Drum saußt der Wind, drum rast der Sturm,
    Die Schuhu um ihn fliegen.

Das Fräulein Gundel war sehr fromm,
    Befahl Gott ihre Seele:
Ach! liebster Jesu! betet sie,
An's Bett geworfen auf die Knie,
    Nur dir ich mich befehle.

Das Fräulein kaum im Bette war,
  Da kam mit grasser Mine,
Mit dürrer hagerer Gestalt,
Ein Mann gar blaß, gekrümmt und alt,
  Und naht sich dem Kamine.

Er strekt die magre lange Hand
  Wohl übers Kohlenfeuer;
Er ächzt mit fürchterlichem Ton:
„Verflucht bin ich, verflucht mein Sohn,
  Wir Höllenungeheuer!"

Das Fräulein hatte Christenmuth,
  Sie fuhr im Nachtgewande
Schnell aus dem Bett, und fragt den Mann:
„Geist, oder Mensch? sag mir es an,
  Was trägst du diese Bande?"

Der Greis schleppt eine Kette nach,
  Drum fragt ihn Kunigunde:
Warum er diese Kette träg?
Der Greis sich an den Schädel schlug
  Und sprach mit hohlem Munde:

„Der

„Der Ritter, der heut Hochzeit hat,
    Ich bin, — ich bin sein Vater;
Er legt' mir diese Ketten an:
Ich alter, ich verfluchter Mann,
    Ich zeugte diese Natter.

Schon fünfzehn Jahre hat er mich
    In diesem Thurm verschloßen:
Ich schlief auf fauler kalter Streu,
Nur schimlicht Brod hab ich dabey
    Und Wasser nur genossen.

Schau Mädel diese Lumpen sind
    Verfault um meine Hüfte.
Sieh Läus' in diesem grauen Bart,
Und rieche, bist du nicht zu zart,
    Des eignen Unraths Düfte.

Die Woche dreimal läßt er mich
    Mit einer Peitsche geisseln;
Ihn rühret nicht mein Zetterach,
Er sieht die Thränen tausendfach
    In meinem Haar sich kräuseln.

Heut

Heut schnellt' ich meine Ketten ab;
　　Es war im Hochzeitlermen
Mein Hüter heut besoffen sehr,
Vergaß mich ganz; ich schlich hieher,
　　Mich einmal zu erwärmen.

„Genug! Genug"! sprach blaß, wie Wand,
　　Das edle Fräulein Gundel:
„Dein Sohn ist dieses Ungeheur?
O Greis, du hast mein Herz mit Feu'r,
　　Entbrannt, wie mürben Zundel.

Will rächen dich"! „Du rächen mich?
　　O Fräulein! laß dir sagen:
Siehst du dort Blut noch an der Wand!
Dort hab' ich, ach! mit eigner Hand
　　Den Vater einst erschlagen?"

Kaum sprach er's aus, so fiel ein Bein
　　Herab vom obern Boden.
Huhu! ein Bein und noch ein Bein,
Und drauf erhellt vom Kohlenschein
　　Geripp von einem Todten.

Ein hohler Schädel oben stand,
  Glut flimmt in weiten Augen:
"Ach Gott! 's ist wahr, ach Gott 's ist wahr:
Der Teufel hier im grauen Haar,
  An dem die Schlangen saugen,

Hat mich mit der verfluchten Faust
  Einst in der Nacht getödtet;
Diß Blut hier an der Wand ist mein,
Diß Blut hat in den Himmel 'nein
  Mit stummem Mund geredet.

"Verfluchter Sohn, sprach das Geripp,
  Dir, dir ist recht geschehen!
Wer seinen Vater würgt, den trift,
Weit mehr als Dolch, und Schwerd und Gift,
  Ihn treffen Höllenwehen."

Wumm! man hörte Hundgebell,
  Und hörte Kazen mauen;
Es kräht der Hahn! "Ha! ich muß fort,
Sprach das Geripp, an meinen Ort,
  Der Tag beginnt zu grauen."

Der

Der Geist verschwand, das Fräulein geht
    Und ließ den Alten stehen:
Kommt in die Stadt, so bald das Licht
Am Himmel graut, sagt vor Gericht,
    Was sie im Thurm gesehen.

Soldaten eilten, fanden bald
    Im Thurm den Alten liegen;
Sein Haar und Bart war ausgerauft,
Die Brust zerrissen; schröcklich schnauft
    Er in den lezten Zügen.

Er starb; sein Aug hieng aus dem Kopf;
    Gott seiner Seel' genade!
Der Edelmann aus Baierland
Starb, wie es weit und breit bekannt,
    Zu München auf dem Rade.

Am Hochgericht, da geht er um,
    Schlägt seine Händ' zusammen;
„O weh! so brüllt's um Mitternacht,
Hab meinen Vater umgebracht!
    Mich sengen Höllenflammen."

Das Fräulein Kunigunde gieng
    Nach der Geschicht' ins Kloster;
Viel tausend Ave, betet sie
Für ihre Seelen auf dem Knie,
    Viel tausend Paternoster.

Und jedes Kind, das zu ihr kam,
    Nahm sie auf ihre Arme,
Und sprach: Kind, ehre bis in's Grab
Die Eltern, die dein Gott dir gab,
    Das er sich dein erbarme!

Der Gefangene.

Gefangner Mann, ein armer Mann!
  Durchs schwarze Eisengitter
Starr' ich den fernen Himmel an,
  Und wein' und seufze bitter.

Die Sonne, sonst so hell und rund,
  Schaut trüb auf mich herunter;
Und kömmt die braune Abendstund,
  So geht sie blutig unter.

Mir ist der Mond so gelb, so bleich,
  Er wallt im Witwenschleier;
Die Sterne mir — sind Fackeln gleich
  Bey einer Todtenfeyer.

Mag sehen nicht die Blümlein blühn,
　　Nicht fühlen Lenzeswehen;
Ach! lieber säh' ich Rosmarin
　　Im Duft der Gräber stehen.

Vergebens wiegt der Abendhauch
　　Für mich die goldnen Aehren;
Möcht nur in meinem Felsenbauch
　　Die Stürme brausen hören.

Was hilft mir Thau, und Sonnenschein
　　Im Busen einer Rose;
Denn nichts ist mein, ach! nichts ist mein,
　　Im Muttererdenschose.

Kann nimmer an der Gattin Brust,
　　Nicht an der Kinder Wangen,
Mit Gattenwonne, Vaterlust
　　In Himmelsthränen hangen.

Gefangner Mann, ein armer Mann!
　　Fern von den Lieben allen,
Muß ich das Lebens Dornenbahn
　　In Schauernächten wallen.

Es gähnt mich an die Einsamkeit,
    Ich wälze mich auf Nesseln;
Und selbst mein Beten wird entweiht
    Vom Klirren meiner Fesseln.

Mich drängt der hohen Freiheit Ruf;
    Ich fühl's, daß Gott nur Sklaven
Und Teufel für die Ketten schuf,
    Um sie damit zu strafen.

Was hab ich, Brüder! euch gethan?
    Kommt doch, und seht mich Armen!
Gefangner Mann! ein armer Mann!
    Ach! habt mit mir Erbarmen!

Jupiter und Semele.

Von des Olympos Donnerhöhe sah
Einst Jupiter die schöne Semele,
Wie sie im Thale Wiesenblümchen pflückte.
Sie lächelte im Rosenflor der Jugend,
Und Schönheit warf um sie den Silberschleyer
Aus Morgengold und Maienlicht gewebt.
Des Götterkönigs und des Menschenvaters
Von Lieb' durchdrungne Seele fluthet auf,
Den Donnerkeul legt er aus seiner Rechten,
Er streifte von sich ab die Götterhülle,
Die den Olymp mit Einem Wink erschüttert
Und unsre Erdar knarren macht.
Als goldgelockter Jüngling kam er nun,
Und trat vor Semele im leichten Jägerkleide.
Doch Semele war tugendhaft; sie liebte
Den schönen Jüngling zwar; jedoch den Gürtel
Der Keuschheit ihr zu lösen, verstattet sie ihm
        nicht.
                                Doch

Doch leicht gewinnt ein Gott des Mädchens Herz.
Zevs bin ich, sprach der Menschgestaltete,
Mit Welten lohn' ich dir der Unschuld Opfer.
Viel süsse Stunden flogen nun
In seiner Semele Umarmungen
Dem Gott der Götter goldgeschwingt,
Wie Himmelsfrühlinge, vorüber;
Die grollende Saturnia erfuhrs.
Sie sann auf Rache. Weh' dir Semele!
Der Götter Königin ist deine Feindin!!
Zu einer alten Base schrümpfte sich
Der hohen Juno Götterbild zusammen;
Durch Schmeicheleien und durch Trug gewann
Sie bald des offnen Mädchens Herz.
Zevs liebt mich! — sprach sie. — Die verstellte
Saturnia lacht hoch darob — Zevs meynst du?
Zevs liebe dich? — sagt boshaftlächelnd sie —
                Ha, ein Verführer,
Will unter dieser Larve dir das Gold
Der Unschuld rauben. Mädchen traue nicht.
Versuch' ihn, sag', er möchte sich einmal
In seiner furchtbarn Majestät dir zeigen!
An seiner Erdenschwäche wirst du bald,
Des eingeschleirten Gottes Trug erkennen.
Saturnia entfernte sich und ließ
Das zitternde Mädchen mit dem Dolche

J 4   Des

Des Kummers in der hohen Halle stehen.
Und Zevs erschien in der gewohnten Hülle.
Du bist nicht aufgeräumt, o Semele.
Ich muß es wohl — denn du hast mich betrogen.
Ein Gott? dich? — Ein Gott wärst du? o
     geh Betrüger,
Du bist ein Erdgeschaffner Mensch, und ach
Das Gold der Unschuld hast du mir geraubt.

 Thränen perlten auf der Semele Gesicht.
Und Zevs begann zurückgebogen: Welche
Des Orkus Schoos entstiegne finstre Macht
Vergiftete mit diesem Argwohn dich? —
Umzischen bleiche Eumeniden dich; —
Und sprüzen dir Verdacht ins weiche Herz??
Ha, fordere Beweise! Zevs bin ich! —
„Wirf diese Hülle ab und zeige dich
In deiner Gottheit furchtbarn Majestät! —"
O Semele du forderst deinen Tod;
Doch sehen sollst du, daß ein Gott ich bin.
Im Schöpfertone sprach nun Jupiter:
Ein Regenbogen wölbe sich
Ums Haupt der Semele! —
Der Regenbogen schwand! —
        Du

„Du bist kein Gott; ein Zaubrer bist du nur!"
Erdbeben schüttere diesen Goldpallast,
In allen Tiefen, so gebot der Gott! —
„Du bist kein Gott, ein Zaubrer bist du nur!"
Auf die Erde lägre sich Mitternacht!
Der Sturmwind heule!
Und Geister winseln dazwischen!! —
Es geschah. —
„Du bist kein Gott, ein Zaubrer bist du nur.
Du ängstest nur mich armes Mädchen so."
In Silberschleyer hüllt sie ihr Gesicht. —
So sprich, was soll ich thun? — Das Reich der
  Thiere
Es gehe huldigend vorbei an Semele.
Gleich kam der trozige Löwe!
Er schüttelte die goldne Mähn' und leckte
Den Fuß der Semele. Es kam
Der ernste Elephant und küßte ihr die Hand,
Mit sammtnem Rüßel. Vor ihr gieng
Mit schlauem Blick der Tiger stolz vorüber.
Ihr stampfte der muthige Wieherer,
Das dünngeschenkelte Roß,
Ihr brüllte der Stier und schleuderte rücklings
Erdschollen gen Himmel.
Sein zackigtes Geweih' erhob vor ihr der Hirsch.
Der Affe gaukelte vor ihr, das Eichhorn puzte sich.

Ueber ihr schwebte der Adler
Mit verbreitetem Fittich. Ihr gluckte
Die Nachtigall; ihr kirrte die Taube!
Umsonst, denn Semele sprach immer:
Du bist kein Gott, ein Zaubrer bist du nur!
Damit ich's glaube, zeige dich als Gott! — .
Ich will's, so brüllte Jupiter. —
Da stand der Donnerer in seiner Schrecklichkeit!
Die Flammenarme streckt' er nach ihr aus.
Ach Semele zerfloß, wie Wachs zerschmilzt,
Wann Sommergluth in allen Wesen brennt,
Ach so zerfloß sie in der glühenden Umarmung
Des Donnergotts und tropft an seinen Seiten
Blutig herunter. —

Der Mensch von Erde konnt' die Gottheit nicht
In ihrer Nacktheit tragen. Wie beschämt
Der Heiden Dichtung unsre Weisen?
Sie wollen den Jehovah ohne Hülle,
Nicht in der Menschheit Jesus Christus sehen. —

Die Forelle.

In einem Bächlein helle,
  Da schoß in froher Eil
Die launische Forelle
  Vorüber wie ein Pfeil.
Ich stand an dem Gestade,
  Und sah' in süsser Ruh
Des muntern Fisches Bade
  Im klaren Bächlein zu.

Ein Fischer mit der Ruthe
  Wohl an dem Ufer stand,
Und sah's mit kaltem Blute
  Wie sich das Fischlein wand.
So lang dem Wasser Helle,
  So dacht' ich, nicht gebricht,
So fängt er die Forelle
  Mit seiner Angel nicht.

Doch plözlich ward dem Diebe
 Die Zeit zu lang. Er macht
Das Bächlein tückisch trübe,
 Und eh' ich es gedacht; —
So zuckte seine Ruthe,
 Das Fischlein zappelt dran,
Und ich mit regem Blute
 Sah' die Betrogne an.

Die ihr am goldnen Quelle
 Der sichern Jugend weilt,
Denkt doch an die Forelle;
 Seht ihr Gefahr, so eilt!
Meist fehlt ihr nur aus Mangel
 Der Klugheit. Mädchen seht
Verführer mit der Angel! —
 Sonst blutet ihr zu spät.

Der Reichsadler.
Ein aufgelöstes heraldisches Räthsel.

Ihr Forscher in der Wappenkunde
Was fragt ihr ängstlich nach dem Grunde:
   Warum in jeder Schilderei
   Der deutsche Adler doppelköpfig sey?
„Zwei Köpfe, sprecht ihr oft im Feuer,
Sind ja ein wahres Ungeheuer,
   Und Köpfe noch dazu wie die,
   Voll bissiger Antipathie."
O laßt doch einmal nach, mit Forschen euch zu
    plagen,
Ein Novellist sogar kann euch die Wahrheit sa-
    gen.
   Der eine Kopf, der westwärts blickt,
   Sanft scheint und desto schärfer pickt,
Ist Kaiser Josephs Kopf, des toleranten Wei-
    sen!
   Der andre Kopf, der nordwärts schaut,
   Scharf sieht und mit dem Schnabel haut:—
Ist Friederich, der Donnergott der Preussen.

Warum sie aber uneins sind,
Begreift beinah' ein kleines Kind;
Sie sind entzweit in dem gemeinen Falle:
Was eine Kralle packt, packt auch die andre
                    Kralle; —
Drum zerren sie so jämmerlich —
O Vaterland, wie daurst du mich!!

Der Bettelsoldat.

Mit jammervollem Blicke,
  Von tausend Sorgen schwer,
Hink' ich an meiner Krücke
  In weiter Welt umher.

Gott weiß, hab viel gelitten,
  Ich hab so manchen Kampf
In mancher Schlacht gestritten,
  Gehüllt in Pulverdampf.

Sah' manchen Kameraden
  An meiner Seite todt,
Und mußt' im Blute waten,
  Wenn es mein Herr gebot.

Mir drohten oft Geschüze
	Den fürchterlichsten Tod;
Oft trank' ich aus der Pfüze,
	Oft aß ich schimlich Brod.

Ich stand in Sturm und Regen
	In grauser Mitternacht,
Bei Bliz und Donnerschlägen,
	Oft einsam auf der Wacht.

Und nun nach mancher Schonung,
	Noch fern von meinem Grab,
Empfang' ich die Belohnung —
	Mit diesem Bettelstab.

Bedeckt mit breizehn Wunden,
	An meine Krück' gelehnt,
Hab ich in manchen Stunden
	Mich nach dem Tod gesehnt.

Ich bettle vor den Thüren,
	Ich armer lahmer Mann!
Doch ach! wen kann ich rühren?
	Wer nimmt sich meiner an?

War einst ein braver Krieger,
    Sang' manch Soldatenlied
Im Reihen froher Sieger;
    Nun bin ich Invalid.

Ihr Söhne, bei der Krücke,
    An der mein Leib sich beugt,
Bei diesem Thränenblicke,
    Der sich zum Grabe neigt;

Beschwör' ich euch — ihr Söhne!
    O flieht der Trommel Ton!
Und Kriegstrommetentöne,
    Sonst kriegt ihr meinen Lohn.

An
Prinz Ferdinand von Wirtemberg.

Dir Ferdinand, dem Prinzen, der dem Blute
    Des Erdengottes Friederich entfloß,
Dem Gott ins Herz mit seines Vaters Muthe
    Der Mutter Zärtlichkeit aus goldner Schaale
        goß;

Dir, Nachbild deines Ahnherrn Alexanders,
    Der hoch im Kreiß der Teckerfürsten steht,
Um die, wie um die Helden des Skamanders,
    Des ew'gen Nachruhms Flügel weht;

Dir donnert — wie aus feurigem Metalle
    Des Alexanderberges Genius
Herab vom Wolkenblauen Walle
    Ins Heldenohr den kriegerischen Gruß.

Er

Er sah's, wie Joseph dir — dich seinem Dienst
    zu weihen
    Ein Wodanschwerdt um deine Hüften schnallt,
Und wie dein Federbusch in dichtgedrängten Reihen
    Der Helden Oestreichs furchtbardrohend wallt.

Er sah es, wie aus goldgesäumter Wolke
    Vom Size der Unsterblichkeit,
Dein Ahnherr niedersah und dich vor Deutschlands
    Volke
    Zum Helden eingeweiht.

Auch ich, sprach Alexander, hab getragen
    Diß Schwerdt, das dir nun Joseph gibt,
Hab mit den Feinden Oestreichs mich geschlagen
    Und Josephs Väter treu geliebt;

Ich gieng als edler deutscher Ritter
    Oft hoch im Donnerfeld der Schlacht,
Daß von zertrettnen Schedeln mir die Splitter
    Die Sohlen wund gemacht.

So streit' auch du, befeurt von meinem Bilde,
    O du mein Enkel Ferdinand!
Gott decke dich mit seinem Flammenschilde! —"
    So sprach dein Ahnherr und verschwand.

Dein Ahnherr! — Ach der Fürsten Veste,
  Der unsres Berges Schuzgeist war.
Noch steht für ihn im Tempel meiner Veste
  Ein ewig rauchender Altar.

Mit einem Felsengurt umthürmte
  Er unsern Berg und wandelte auf ihm;
Wenn Wettersturm auf Aspergs Rippen stürmte,
  So trozt er kühn des Wetters Ungestüm.

Sein Geist ist nun dem Himmel zugeflogen,
  Ihn reizt die Erdengröß' nicht mehr;
Doch hat er Enkel nachgezogen,
  So deutsch und groß wie er.

Du Ferdinand, dem schon aus weichen Haaren
  Der Lorbeer keimt, — der du dein Stamm=
            haus zierst; —
Wie glücklich sind die Kriegesschaaren,
  Die du dereinst ins Feld der Ehre führst!

Nimm deinen grosen Ahnherrn zum Exempel,
  Sey Held! sey Menschenfreund! sey Christ!
Biß du einst spät im Heldentempel
  Bei Ihm, und andern Helden bist!

                                Ich

Ich aber seh' von meines Aspergs Höhen
Dem Fluge deiner Thaten zu!
Seh' Dir den Heldenzweig um braune Schläfe
wehen;
Und seh's im Geist: der Tecker Stolz wirst
du!

Ein
Gespräch auf dem Schiffe.

Der Soldat.

Verzeihen Ihro Hochehrwürden,
   Wenn ich es sagen darf,
   Die lezte Predigt war zu scharf.
Sie laden viel zu schwere Bürden
   Auf unsern Hals. Wo ist der Mann,
   Der solche Bürden tragen kann? —

Der Schiffsprediger.

's mag seyn! — Wenn doch vorüber wäre
   Die Wasserfahrt! Mir schaurt die Haut!
Was denkt Ihr Freund, daß Ihr dem Meere
   Das junge Leben anvertraut?

Der Soldat.

Das thu' ich gern, mein Fürst hat's ja befohlen.
Wir schwimmen nach Amerika.

Der Schiffsprediger.

Um dort vielleicht den Tod zu holen! —
Man sagt, es gäb' so viele Wilde da,
Die mit der Art der Feinde Schedel splittern.

Der Soldat.

Nur feige Kerls und alte Weiber zittern
Vor der Gefahr, ein Deutscher nicht!
Zu streiten ist Soldatenpflicht.
Viel besser, daß die Art den Schedel mir zer-
spalte,
Als daß ich feig auf meinem Bett erkalte.
Und kurz und gut, mein Fürst hat es ge-
wollt
Und dafür hab' ich meinen Sold.

Der Schiffsprediger.

Verzeiht, wie hoch mag der sich wohl belaufen?

Der Soldat.

Fünf Bazen sind genug,
So einem Kerl, wie ich, das Leben abzukaufen.

Der Schiffsprediger.

Ganz wohl, mein Freund, Ihr handelt klug.
Doch Weib und Kinder — —

Der Soldat.

       O der Armen
Wird Gott im Himmel sich erbarmen.
 Gott weiß, wie hart ich sie verlohr! —
 Jedoch der Dienst für meinen Herrn gelt
     vor.

Der Schiffsprediger.

Und wie? ein Mann wie Ihr, der könnte sich
    beklagen,
 Die lezte Predigt geh' zu weit? —
Könnt Ihr für wenig Sold so schwere Bürden
    tragen
 Und für den Dienst der Eitelkeit
Selbst Weib und Kind und Leib und Leben
    wagen?
         Nur

Nur für das Reich der Ewigkeit
Wollt Ihr nicht einen kleinen Streit
Mit Eurem Fleisch und Blute wagen?
Wenn Ihr mit diesem Heldenmuth
Den halben Theil für Gottes Ehre thut;
So bin ich Euch für Eure Seele gut.

An den Tod.

Tod, du Schrecken der Natur,
Immer rieselt deine Uhr,
 Die geschwungne Sense blinkt, —
 Gras, und Halm, und Blume sinkt.

Mähe nicht ohn' Unterschied,
Dieses Blümchen, das erst blüht;
 Dieses Röschen, erst halbroth,
 Sei barmherzig lieber Tod!

Nimm den holden Knaben nicht,
Der voll Unschuld im Gesicht
 Mit der Brust der Mutter spielt,
 Und sein erstes Leben fühlt.

Und den Jüngling schone mir,
Der am fühlenden Klavier
    Goldne Saiten wiegt und schwingt,
    Und ein Lied von Liebe singt.

Sieh, dort steht ein deutscher Held
In Kolumbus Neuer Welt,
    Der des Wilden Art nicht scheut;
    Tod, ach friste seine Zeit!

Schon' den Dichter, dessen Kraft
Wie sein Schöpfer, Welten schaft.
    Und in seinem Bildungskreis
    Alles fromm zu machen weiß.

Tödte nicht die junge Braut,
Schön für ihren Mann gebaut,
    Die wie Sulamit gestimmt,
    Liebe gibt und Liebe nimmt. —

Nicht den Frommen in dem Land,
Dessen hochgehobne Hand,
    Betend Gottes Himmel stüzt,
    Wenn er Rache niederblizt.

Ach, den Sünder tödte nicht!
Schreck' ihn nur mit dem Gericht;
Daß er bang zusammenfährt,
Buße weint, und sich bekehrt.

In der Fürsten goldnem Saal,
Lieber Tod, bist du zur Qual;
Schone sie, bis sie vom Wind
Eitler Größ' gesättigt sind.

Keinen Reichen tödte du!
Den Gesunden laß in Ruh!
Triffst du gute Laune an,
So verlängre ihre Bahn!

Aber mußt du tödten Tod,
Ach so thu's, wo dir die Noth
Aus zerfreßnem Auge winkt
Und in Staub des Kerkers sinkt.

Wo mit jedem Morgen — Tod!
Wo mit jedem Abend — Tod!
Tod! — um Mitternacht erschallt,
Daß die Schauerzelle hallt.

„Tod, wann kommſt du, meine Luſt? —
Ziehſt den Dolch aus meiner Bruſt?
    Streifſt die Feſſeln von der Hand?
    Ach wann deckſt du mich mit Sand?"

Dieſe Todesſtimme ruft
Aus ſo mancher Kerkergruft,
    Wo der Gram verzweiflungsvoll
    Ohne Hoffnung ſchmachten ſoll.

Drum, o Tod! wenn dirs gefällt,
Hohl Gefangne aus der Welt:
    Komm, vollende ihre Noth;
    Sei barmherzig, lieber Tod.

An Herrn
Bidermann aus Winterthurn.
Ein Inpromptu.

Dich seegne, Christ und Bidermann,
  Dich seegne meine Hand,
Zieh hin im Gurte deiner Kraft
  Ins edle Schweizerland.

Zieh hin im Arme deines Weibs,
  Die Lieb und Unschuld blickt;
Und fern vom Gallischen Gezier,
  Nur Schweizeranmuth schmückt.

Ins Land, an deren Brust du lagst,
  Und sogest Löwenmilch,
Wo man dem seidnen Schurken flucht
  Und Einfalt ehrt in Zwilch.

Ins Land, wo Bidermuth noch haußt
    Und wo der Rache Schwerdt
Dem Freiheitshasser blank und heiß
    Ju stolzen Schedel fährt.

Wo Geisteskraft noch Körper findt
    Durch die sie würken kann;
Wo der gestählte Arm noch schwingt
    Die blut'ge Freiheitsfahn.

Wo man der alten Sitte werth
    Noch alte Tugend kennt,
Und Vaterland! und Vaterland!
    Mit Flamm' im Auge nennt.

Zieh hin, du edler Bidermann,
    Dich seegne meine Hand;
Zieh hin im Gurte deiner Kraft,
    Ins edle Schweizerland!

Grüß alle deine Lieben mir,
    Ach, weinend denk' ich dran!
Wie ihr so manchen Christen habt,
    So manchen grosen Mann.

Lavater, Heß — diß Brüderpaar!
  Wie Boas und Jachin,
Zwo Säulen, die von lautrem Gold
  In Christus Tempel stehn; —

Und Bodmer — der ein Patriarch
  Den Menschenvater sang;
Daß mir die Zähr' oft süß entstürzt,
  Und mir die Seele klang.

Und Boßart, der die Herrlichkeit
  Von Jesus Christus kennt, —
Ach, sag es allen, daß mein Herz
  Sie lange Brüder nennt.

Und nun zieh' hin, du Schweizerblut,
  Wie härmt mein Busen sich!
Gefangner Mann, ein armer Mann
  Doch seegnen kann er dich.

Frage.

Frage.

Warum ist mir das Morgenroth
So blutgestreift? die Welt so tod?
Warum strahlt mir das Sonnenlicht
Oft so beschwerlich ins Gesicht?
Und warum weint die Wolke mir?
Was traurt der Linde Blüthenzier?
Die Lüfte wimmern: jedes Bild
Ist mir in Trauerflor gehüllt! —
Der Thau, beglänzt vom Sonnenschein,
Däucht mir, vom Schmerz geweint zu seyn,
Die Wohlgerüche in der Luft,
Umschwimmen mich, wie Gräberduft;
Die lieben Blümlein allzumal
Sind mir versengt vom Sonnenstral.
Der Vogel aus der Luft herab
Tönt mir, wie Sterbgesang am Grab;

Und alles, alles um mich her
Scheint kummervoll und thränenschwer,
Die Farben grün und weiß und roth,
Sind abgestanden, schwarz und tod.
Die Menschen, deren Trost ich such,
Sind Geister, die im Leichentuch
Mich anseh'n bleich, und furchtbarstumm:
Du guter Gott! warum, warum?
Hast du der ganzen Erde Pracht
Zu einem Todenschlund gemacht? —
Ach nein! die Welt ist noch, wie vor,
Nur dem, der Freiheit! dich verlor,
Ist diese Welt, so schön gemacht,
Ein Todtenschlund voll Fluch und Nacht;
Wo alles heult, den Schädel schlägt,
Verzweiflung brüllt, — und Ketten trägt! —
O Gott im Himmel mach' mich frei
Aus dieser Höllentäuscherei!! —

An
General von Bouwinghausen.

Bouwinghausen, laß mich mit dir wallen,
    Freudeweinend zu dem Dankaltar;
Auf mein Antliz laß mich mit dir fallen,
    Heut am Fest, das dich gebahr.

Nichts zu deinem Lobe will ich sagen,
    Weil dein Blick voll Demuth mir's verbeut;
Assaphs Harfe, die wir Christen schlagen,
    Wird durch Menschenlob entweiht.

Aber danken, laß uns feurig danken,
    Daß der Freudentropfe niederstürzt,
Noch hat Gott in deines Lebens Schranken
    Dir die Laufbahn nicht verkürzt.

Danken wollen wir der Vatergüte,
 Die dich aus dem Mutterleibe riß;
Und dich selbst in Mahomets Gebiete
 Einst auf Jesum taufen ließ.

Hat dich Gott in deinen Blüthentagen
 Bouwinghausen, nicht mit hoher Hand
Väterlich geleitet und getragen
 In dein Wiedervaterland?

Hoch herunter stürztest du als Knabe
 Von der Zinne: — doch ein Engel kam,
Der dich schüzte vor dem nahen Grabe,
 Und in seine Flügel nahm.

Hat die Vorsicht nicht am Gängelbande,
 Mehr als deine Mutter dich geführt?
Dich erzogen deinem Vaterlande?
 Und mit Mannkraft dich geziert?

Zeigte dir der Retter aus Gefahren
 Nicht auf deines Lebens Ehrenbahn,
Daß man auch im Kleide des Husaren
 Christus Liebe fühlen kann?

Wer

Wer hat dich in seinen Schuz genommen?
  Als du einst den Säbel muthig schwangst,
Durch die Elbe zweimal hingeschwommen,
  Und mit Friedrichs Helden rangst.

That's nicht Gott, dem Feind an dir zu weisen,
  Daß der Christ, voll wahrer Tapferkeit,
Nicht den furchtbarn Säbelbliz der Preussen,
  Nicht den Donner Friedrichs scheut?

Ohne, wie ein Neger, dich zu bücken,
  Warst du doch des Fürsten treuster Mann;
Nicht durch Sklavenbeugsamkeit des Rücken,—
  Durch dein Herz ihm unterthan.

Sprich: wer half das Leben dir ertragen?
  Wer erleichtert dir den Schmerz der Gicht?
Wenn sie oft, wie Vipernzähne nagen,
  Dich in deine Sohlen sticht.

Steht nicht mitten im Gefühl der Schmerzen,
  Ach, der Blutende auf Golgatha?
Steht er nicht vor deinem bangen Herzen
  Mit der Duldermiene da? —

Christus Beispiel gibt dir dann die Regel:
"Leiden ist des Christen erste Pflicht!"
O, dann achtest du den Stich der Nägel
Und der Dornenkrone nicht.

Bouwinghausen schreite immer weiter:
Hinterm Leiden schimmert Herrlichkeit!
Ist nur Christus Gnade dein Begleiter;
O, so überwind'st du weit.

Ha, wie wirst du einst vor Wonne beben!
Wenn du dort den Preißgesang erneurst;
Den Geburtstag in dein zweites Leben
Dicht am Throne Gottes feirst.

Auf die Messiade.

Willst du dich auf gen Himmel schwingen,
Und hören, wie die Engel singen,
   Und hören, was Jehovah spricht; —
   So lies dies himmlische Gedicht.

Willst du den Mittler hangen sehen,
Ach! — auf des Schedelberges Höhen
   Mit jammerbleichem Angesicht;
   So lies dies christliche Gedicht.

Willst du in Gluth und Schwefelmeeren
Das Brüllen der Satane hören,
   Gedrückt vom Fluch und vom Gericht;
   So lies dies schreckliche Gedicht.

Willst du gesalbte Männer, Frauen,
Und Mädchen, gleich den Engeln schauen;
  Getreu der Gottgeweihten Pflicht,
  So lies dies heilige Gedicht.

Willst du, bei Harmonie der Sphären
Die deutsche Sprache donnern hören
  Mit felsensplitterndem Gewicht;
  So lies dies Vaterlandsgedicht!

Willst du in süssen Simpathien
Von Ahndung jenes Lebens glühen,
  Und wünschen, daß dein Auge bricht;
  So lies dies göttliche Gedicht!

Mdd=

Mädchenlaune.

Die Mädels sind veränderlich,
   Heut so und morgen so,
Kaum zeigt ein Rosenwölklein sich;
   So sind sie hell und froh!
      Doch morgen? —
    Ei, wie geschwind
    Dreht sich der Wind!

So bald ein rauhes Lüftlein weht,
   Grämt sich das Mädel tief;
Ein Zährlein ihr im Aeuglein steht,
   Das Mündlein krümmt sie schief.
      Doch morgen? —
    Tralla la la!
    Hopsa sa sa!

Das Mädlein sieht dich liebreich an,
 Du traust dem schlauen Blick,
Und schwindelst auf zur Sonnenbahn,
 Und träumst von deinem Glück.
  Doch morgen? —
   Kennt sie dich kaum;
   Nichtiger Traum!

Ihr Mädels dreht mir noch so süß
 Die Aeuglein hin und her,
Und kämt ihr aus dem Paradies;
 So traut' ich keiner mehr.
  Ihr Falsche!
   Heut seid ihr heiß!
   Morgen, wie Eiß!

Meinem Freund R...
Am
grosen Freiheitstage geweiht.

Ha, die grose Freiheitsstunde
   Kommt einmal, mein Freund, für dich!
Mit dem Jubel aus dem Munde
   Schwebt sie! Bräutlich zeigt sie sich!
Von des Engels Hauch zerschmelzen
   Schwere Fesseln; deren Last
Du, gekettet an den Felsen
   Deiner Wand, getragen hast.

Ach, sie führt mit Lilienhänden
   Dich vom Thränenberg herab;
Dem Gefangenen, Elenden,
   Schauervoller, als das Grab.
Kerkerstaub entfliegt dem Kleide;
   Und der goldnen Freiheit Licht
Hängt an seinem Saum; die Freude
   Röthet wieder dein Gesicht.

Weggeschwunden, ach du Lieber!
　　Weggeschwunden ist die Nacht,
Die dir oft die Seele trüber,
　　Als der Nächte Schau'r gemacht.
Deine Thränen sind verflossen,
　　Die du oft im Kerkergrab
Vor dem Engel hingegossen,
　　Den dir Gott zum Schuze gab.

Keine Schlösser, keine Riegel
　　Rasseln mehr vor deiner Thür;
Und der Schwermuth Rabenflügel
　　Schattet nimmer über dir.
Nimmer steigt durchs Eisengitter
　　Dein Geächz': O Vater, nimm
Diesen Kelch, so schwer, so bitter,
　　So gefüllt mit deinem Grimm.

Deine Brüder siehst du nimmer
　　Schleppen ihrer Ketten Last;
Hörst nicht mehr ihr Angstgewimmer
　　In den Nächten ohne Rast.
Siehst nicht mehr die Weidengerte
　　In des Kriegers Blut getaucht;
Nimmer siehst du, wie die Erde
　　Von Verzweiflungszähren raucht.

Frei=

Freiheit! Freiheit! hörst du tönen
  Aus dem alten Eichenhain.
Wandelst bald mit Teutschlands Söhnen
  Wieder an dem freien Main. —
Freiheit! Gottes größter Seegen!
  Freiheit, ach, wann wandelst du
Mir Bestürmten auch entgegen?
  Bringst mir wieder Seelenruh?

R..., Trauter, sieh' mich weinen
  Mit verhülltem Angesicht. —
Geh, umarme nun die Deinen;
  Aber, Freund, vergiß mich nicht!
Sprich zu deinen Lieben: droben
  Fault in seinem Kerkergrab
Schubart, der mir manche Proben
  Seiner Lieb' und Freundschaft gab.

R..., nicht mehr auf der Erde,
  Einst im Himmel seh' ich dich!
O dann bleibst du mein Gefährde,
  Ewig! ewig liebst du mich!
Und in Paradieseslauben,
  Wo kein Menschenhenker quält,
Schweben wir, wie Zwillingstauben,
  Die die Simpathie vermählt.

Minchen
beim Grabe ihrer Mutter.

Da liegt, ach Gott! da drunten liegt
    Die zärtlichste der Mütter! —
Und ich, an's Todtenkreuz geschmiegt,
    Starr hier und klage bitter.

O Mutter, Mutter, die du mich
    Hast unterm Herz getragen,
Wo bist du? gute Mutter sprich,
    Hörst du auch meine Klagen?

Hör' doch, dein Minchen jammert hier!
    Umfaßt dein Grab mit Thränen;
O solltest du dich nicht nach mir,
    Nach deinem Minchen sehnen?

                      Schau',

Schau, wie ich in die Welt hinein
So ganz verlassen walle;
In diesem kleinen Bündelein
Sind meine Güter alle.

„Dich seegne Gott, dich seegne Gott,
Sprachst du mit leisem Stammeln;
Vertrau nur ihm, dich wird der Tod
Bald wieder zu mir sammeln.

Nimm diese Bibel, oft hab' ich
Mit Thränen sie benezet;
Ach! über alles hab ich dich
Du theures Buch geschäzet.

Sei, liebes Minchen, tugendhaft
Und leb' ein Engelleben;
Ach! Jesus Christus wird dir Kraft
Zu jeder Tugend geben.

O, Herzensminchen, schlüpfrig ist
Die Bahn, auf der du wandelst;
Wenn du nicht fromm und redlich bist,
Und gut und edel handelst.

Flieh'

Flieh' jede kleine Erdenlust,
    Mein Geist soll dich umschweben.
Und wenn du eine Sünde thust;
    So wirst du heimlich beben.

Doch bist du gut, so wird ein Wind
    In deinen Locken spielen;
Und tief im Herzen wirst du, Kind,
    Des Himmels Säuseln fühlen."

So sprachst du, Mutter, sah'st auf mich,
    Und bleich ward deine Wange;
Ich aber bog mich über dich
    Und schrie und heulte lange.

Da lieg ich nun, da lieg ich nun,
    Gestreckt auf deinem Grabe;
O Mutter neben dir zu ruhn,
    Erfleh' mir diese Gabe. —

Doch nein, ich richte mich empor;
    Gott will ich lassen walten;
Wenn ich die Mutter gleich verlohr;
    Kann er mich doch erhalten.

So will ich dann mein Bündelein,
 Mit schwachen Händen fassen;
Kann Gott ein armes Waiselein,
 Das ihm vertraut, verlassen? —

Nun liebe Mutter, gute Nacht!
 Dein Geist soll um mich wehen,
Wenn der und Gottes Auge wacht, —
 Was kann mir Leids geschehen?

Bald kommt vielleicht der liebe Tod,
 Ach heute stärb ich lieber;
Dann bin ich frei von aller Noth
 Und flieg zu dir hinüber.

Bleib ich nur keusch, und gut, fromm;
 So wirst du mit der Mine
Der Engel sprechen: Tochter komm,
 Komm liebe Wilhelmine!

Warnung an die Mädels.

Es sah' ein Mädel jung und zart
  Einst einen Offizier.
Das Port d'Epee, die Achselschnur
Und seine modische Frisur
  Behagte treflich ihr.

Willst mich? so fragt der Offizier
  Das Mädel husch: — ich will! —
Drauf war das Pärlein wohlgemuth,
Auch giengs dem Weiblein anfangs gut
  Sie hatte Hüll' und Füll.

So lang der Krieger fechten kan,
  Hält man ihn lieb und werth.
Doch wenn ihm Jugendkraft gebricht;
So wird des Fürsten Angsicht
  Gar bald von ihm gekehrt,

Tara-

Taratara! ins Feld! ins Feld! —
  Das arme Weiblein schreit;
Denn bald Kartetschenfeuer kam
Und schoß ihr liebes Männchen lahm,
  Bei aller Tapferkeit.

Da lag der lahme Krieger da,
  Ihn heilte keine Kur;
Er hinkte nun am Krückenstab;
Der Fürst ihm seinen Abschied gab —
  Jedoch in Gnaden nur.

Das arme Pärchen wandert nun
  Auf Bettelfuhren fort.
Doch endlich gieng der lahme Held
Von einem Strohsack aus der Welt
  Und kam an bessern Ort.

Da jammert nun das arme Weib
  Auf seinem Grab und spricht:
„Ihr Mädels — alles in der Welt,
Nehmt Männer, wie es euch gefällt,
  Nur einen Kriegsmann nicht!"

Der Frühlingsabend.

Kühlender Abend steige vom Hügel
    Lieblich verguldet vom sonnigen Strahl,
Thaue von deinem purpurnen Flügel
    Tropfen aufs dürftige Blümlein im Thal.
Gluckt, Nachtigallen, zärtliche Lieder,
Reget ihr Weste euer Gefieder;
      Schüttelt vom Baum
      Seidenen Pflaum!
Walle, o Duft! vom Blüthenzweig nieder.

Hier auf der Erde blumigem Schoose
    Ruh' ich! es ruhet mein Mädchen bei mir.
Meine Geliebte: Kennst du die grose,
    Kennst du die fühlende Freundin von dir?
Lieblicher Abend, lächle der Trauten!
Lächle der Schlanken, Himmlischgebauten!
      Schöner war nicht
      Florens Gesicht,
Als sie des Morgens Tropfen bethauten.

                    Hespe=

Hesperus äugelt hoch in der Ferne,
    Ziehst du schon Mond, am Sternenfeld auf?
Sieh' doch Geliebte, sieh' doch die Sterne!
    Sieh doch zur freundlichen Luna hinauf!
Doch seh' ich nicht im Auge der Milden
Thränen der Liebe schimmernd sich bilden!
      Sind sie es nicht,
      Die dein Gesicht,
Wie eines Engels Antlitz vergülden?

Lieblicher Abend, Erweicher der Herzen,
    Dank dir des Frühlings liebkosender Sohn,
Daß du geendigt zärtliche Schmerzen;
    Sieh doch die Holde umarmet mich schön!
Schmelzende Wonne flimmt in den Blicken —
Ach ich empfinde Himmelsentzücken.
      Liebe, nur du
      Wiegst uns in Ruh;
Knanst, wie ein Gott, allein uns beglücken.

Die gefangene Sänger.

Die Lerche, die im schlauen Garn gefangen,
    Im dunklen Eisenkesich saß
Und traurig auf bestäubten Stangen
    Den wirbelnden Gesang vergaß.

Fühlt einst, vom Morgenstrahl erhoben,
    Den mächtigen Beruf
In einem Lied den Gott zu loben,
    Der sie zur Lerche schuf.

Schon öffnet sich ihr Schnäbelein zum Singen,
    Schon kräuselt sie die Melodie;
Spannt ihre Flügel aus, um sich emporzuschwin-
    gen,
Und hoch herab aus blauer Luft zu singen
    Ihr schmetterndes Tirili.

                      Doch

Doch sie vergaß im Jubel ihrer Seele
    Des engen Kefichs Zwang,
Und ach! umsonst kräust ihre Kehle
    Den jubelnden Gesang.

Sie stieß sich an den Kefichböden,
    Stürzt nieder, zuckt im Staub.
Nun liegt sie da, gleich einem Todten,
    Für alle Töne taub.
Ein fürchterliches Bild für mich
So flieg' ich auf — und so verstumm auch ich.

Die Nachtigall singt auch im Bauer;
    Doch nicht so süß, als wär' sie frei.
Ihr Lied gluckt fürchterliche Trauer,
    Und nicht der Freude Melodei.
Ein Bild — o Gott! ein Bild für mich
Mein Lied tönt auch so fürchterlich!

Girrt die gefangne Turteltaube
    Auch freie Lieb und Zärtlichkeit,
Wie in der sichern Frühlingslaube,
    Die keine Sklaverey entweiht?
Nein, traurig girrt sie, trüb nnd bang!
Ihr Lied ist Klag, ist Sterbgesang!
Ein Bild — o Gott, ein Bild für mich!
So klag', und wein', und girr' auch ich!

Ehlicher Gutermorgen.

Guten Morgen! —
Groß und kleine Sorgen,
 Weibchen, theilen wir. —
Du, die mir im Leben
Gott zum Trost gegeben:
 O wie theuer bist du mir!

Guten Morgen!
Hehr und unverborgen
 Glänzt das Morgenlicht.
Und das Gold der Sonne
Weibchen, welche Wonne
 Spielt auf deinem Angesicht.

O, der Freude!
Hier an meiner Seite
 Sizt das holde Kind.
Ihre Finger schweben
Ueber Goldgeweben,
 Wie im Blüthenbusch der Wind.

Freudenzähren
Fliessen dir zu Ehren,
 Der mein Weibchen schuf.
Leicht ist mir der Tage
Zugemeßne Plage
 Und ein Spiel ist mein Beruf.

Guten Morgen!
Alle unsre Sorgen,
 Weibchen, theilen wir.
Gerne will ich leben,
Gern in Eden schweben;
 Aber, Engel, nur mit dir.

Ehliche Gutenacht.

Gute Nacht!
Unser Taglauf ist vollbracht,
Goldne Sternlein äugeln wieder
Von des Himmels Zinne nieder;
Und des Mondes Scheibe lacht,
  Gute Nacht!

Zum Klavier,
Herzens Weibchen, eilen wir! —
Um in's Goldgeweb' zu spielen,
Was wir für einander fühlen;
Ich mit dir und du mit mir,
  Am Klavier.

Gottes Ruh
Säuselt uns vom Himmel zu.
Bringt uns der Empfindung Fülle,
Zärtlichkeit und Herzensstille,
Ach ich fühle sie wie du
    Gottes Ruh.

O gewiß
Welt, du bist ein Paradis;
Wenn wir schon im Erdenleben,
Liebe nehmen, Liebe geben; —
Welt, so bist du uns gewiß
    Paradis.

Schimmernd fällt
Unsre Thrän' dem Herrn der Welt.
Ach! dem Stifter unsrer Ehe
Flammt der Dank zur fernsten Höhe! —
Sieh, die Zähre, Herr der Welt,
    Wie sie fällt!! —

Gute Nacht!
Sieh, den Mond in stiller Pracht
Uns mit goldnen Strahlen winken,
Um in deinen Arm zu sinken,
Weib, zur Wonne mir gemacht. —
 Gute Nacht!!

Physiognomik der Todenschedel.

Der grosse Schedel, nur halb kahl,
Mit breiter Stirne, hart, wie Stahl,
Und diese Knochen, fest, wie Stein;
Wem mögen die gewesen seyn? —
Dumpf sprach der Genius, der um das Beinhaus
       schwebt:
Es war ein Deutscher, der Natur gemäß gelebt.

Und dieses Schedelein hier,
So weiß, so dünn, wie Postpapier,
Und diese Gebeinlein darbei,
Wie Marzipan weiß, und weich, wie Brey;
Wer war dann diß? —
Ein Geck aus Paris!

Der Arme.

Gott, wie lange muß ich darben!
    Ewig glücklich sind die nun!
Die vor mir im Frieden starben,
    Um vom Elend auszuruhn.

Hülfe, willst du lange säumen?
    Halb verschmachtet steh' ich hier;
Goldne Früchten an den Bäumen,
    Reicher Herbst, was helft ihr mir? —

Bauren sammlen in die Scheune,
    Korn und Waizen auf, wie Sand;
Aber, wenn ich Armer weine,
    So verschliessen sie die Hand:

Reiche rasseln mit dem Wagen,
    Fett vom Haber ist ihr Pferd:
Rasselt nur, daß ihr die Klagen
    Eines armen Manns nicht hört.

Knabe, den mir Gott gegeben,
 Der sein Elend noch nicht fühlt,
Seh ich dich im Herbstwind beben,
 Der mit deinen Lumpen spielt:

O! dann gräm ich mich am Stabe,
 Höre dein Geschrey nach Brod,
Seufz im Stillen: armer Knabe,
 Wärst du tod; ach wärst du tod!

Menschen, ist dann kein Erbarmen,
 Kein Erbarmen unter euch?
Sind die Dürftigen, die Armen,
 Euch an Fleisch und Blut nicht gleich?

O so werft, wie euren Hunden,
 Mir nur einen Bissen zu!
Doch wer Armuth nie empfunden,
 Weißt es nicht, wie weh' sie thut.

Gott, so muß ich ewig darben —
 O wie glücklich sind die nun
Die vor mir im Frieden starben!
 Um vom Elend auszuruhn.

Erotische Gedichte.

Die Zärtlichkeit.
An Luise.

Goldne Zierde sanfter Seelen,
    Himmelsgrazie, mit dir
Will ich ewig mich vermählen,
    O, wie lieblich strahlst du mir
Aus Luisens sanftem Blick
Deine Herrlichkeit zurück.

Einfalt, mit dem Silberschleier,
    Unschuld, mit dem Rosenflor,
Wandern dir in stiller Feier,
    Als zwei liebe Schwestern vor.
Engel Gottes freuen sich
Ueber dir, und küssen dich.

Als die Schönheit und die Güte
    Einst im Garten Gottes stand,
Und der erste Vater glühte;
    Da sich Eva ihm entwand; —
Blicktest du das erstemal,
Aus des Weibes Augenstrahl.

Göttin — doch, so schön und milde
    Hat dich nie ein Aug erkannt,
Als ich in Luisens Bilde
    Dich zum erstenmal empfand.
Still, und groß, und himmlischmild
Warst du in Luisens Bild.

Ihrer Augen Zährenhelle,
    Ihrer Wangen Purpurschein,
Ach, in Edens lichtem Quelle
    Wuschen sie die Engel rein. —
Ihrer Stimme süßer Ton,
Wie ein Himmelspantalon;

Blizt

Blizt und drang in meine Seele,
    Herz und Busen wurden weit,
Und aus meiner Augenhöhle
    Schimmerte die Zärtlichkeit. —
Liebeschaurend schlug mein Herz,
Bald für Wonne, bald für Schmerz.

Sterben möcht' ich nun vor Liebe,
    Seh' ich diese Zauberin;
Aber wird ihr Auge trübe,
    O, wie trübt sich dann mein Sinn!
Jeden Zug der Simpathie
Fühlt mein armes Herz durch sie.

Bruderliebe zu den Brüdern,
    Mitgefühl bei jeder Noth;
Jedes Lächeln zu erwiedern;
    Jede Angst bei fremdem Tod;
Demuth, Kinderfreundlichkeit;
Lehrte mich die Zärtlichkeit. —

Aber nur aus deinen Blicken,
O Luise! lernt' ich sie;
Ewig soll mich nun entzücken
Diese Seelensympathie;
Diese süsse Zärtlichkeit,
Die uns Cherubsschwingen leiht.

Wenn ich rede, wenn ich schweige;
Wenn in deinen Reiz verschwemmt,
Manche Thrän', der Liebe Zeuge,
Mir die süsse Rede hemmt;
O so denke: tief, wie dich,
Rührt die Zärtlichkeit auch mich!

An mein Klavier.
Auf
die Nachricht von Minettens Tod.

Klage tiefgestimmte Saite
    Aus dem weinenden Klavier!
Keinen Silberton der Freude,
    Todteston entlock' ich dir!
Ach, Minette, die dich spielte,
    Die dir Geisterodem gab,
Wenn sie Lieb und Mitleid fühlte,
    Ach, Minette deckt das Grab!

Noch seh' ich die Holde stehen,
    Wie sie sanft auf mich geblickt,
Wenn ich alle meine Wehen,
    Mit den Saiten ausgedrückt.
Sang ich: „ach, ich bin gefangen!"
    O, wie fühlte sie mein Loos!
Bleicher wurden ihre Wangen
    Und die Mitleidszähre floß.

Wenn ich Jesum Christum nannte,
    Las ich es im hellern Blick,
Wie ihr Herz vor Liebe brannte,
    Wie sie fühlt' des Christen Glück!
O dann schwamen Himmelstöne
    Um mein Ohr: — „die Blume fällt!
Schau sie an in ihrer Schöne,
    Sie ist reif für jene Welt!"

O, verherrlichte Minette; —
    Engel, warum stand ich nicht
Auch vor deinem Sterbebette?
    Sah', wie Jesus Christus Licht
Dir die Todteswange hellte!
    Wie ein Blick ins Paradies
Dir die Lust der Welt vergällte,
    Und dir deine Krone wies!

Mutter — Bruder — drüben, drüben,
    Dachtest du — in Christus Reich,
Wo sich Fromme ewig lieben!
    Seh' ich euch, umarm' ich euch!
So entlastet, von den Bürden
    Dieser Zeit, giengst du zur Ruh —
Ach, wenn Engel sterben würden,
    Stärben sie so schön wie du.

                      From=

Fromme Mutter, weine milder; —
    Bruder, klage nicht zu sehr!
Himmlisch schweben ja die Bilder
    Ihrer Wonne um euch her.
Seht, im Paradiese schreitet
    Sie mit ihrem Ahnherrn Veit,
Himmlisch schön und schön gekleidet
    Ins Gewand der Herrlichkeit.

Sanfter werde meine Klage
    Aus dem weinenden Klavier,
Dank, und Lieb, und Wehmuth sage:
    Dies ist ein Geschenk von ihr!
Ach, so lang' ich noch die Saite
    Bebend rühre; tön' ihr Klang,
Bald, Minette, deine Freude,
    Bald der Freundschaft Klaggesang.

Dort seh' ich dich wieder, dorten,
    Wo du Lebenswasser trinkst,
Wenn du mir an goldnen Pforten
    Mit dem Rosenfinger winkst.
„Frei bist du" — O Freundin, sage
    Dies zu meinem Geist einmal! —
Doch Minettens Todtenklage
    Schmilzt im feirlichen Choral.

Heil dir, du Gottgewählte,
  Du junge Himmelsbraut!
Des Lammes Neuvermählte
  Ihm ewig nun vertraut!
Laß deine Blicke fallen
  Herab auf unsre Noth.
Minette wünsch' uns allen
  Den schönen Christentod!"

Serafina
an ihren Schutzgeist.

Mein Engel, den ich
  Vom Himmel erbat,
Zu leiten mich hier
  Auf dornigtem Pfad;
Zu führen mich einst
  Ins wonnige Land,
O lächle mir, Bothe
  Vom Himmel gesandt.

Oft hab' ich geweint,
  Oft hab ich geklagt,
Daß hier so der Wurm
  Das Röslein zernagt,
Daß Unschuld, so rein,
  Wie Himmelskristall
Oft plötzlich sich neigt
  Zum tödtlichen Fall.

O Engel, sei mir
　　Vor tausenden hold
Und hülle mich ein
　　In Flügel von Gold.
Noch bin ich so jung,
　　Und kenne noch nicht
Der Lüste Betrug
　　Im schlauen Gesicht.

Wenn Eitelkeit oft
　　Mit Blümlein mich neckt,
Und unter dem Strauß
　　Die Schlange versteckt;
Wenn Thorheit mich sucht;
　　So eile geschwind
Und warne mich selbst,
　　Du himmlisches Kind.

Wenn Amor mir winkt
　　Mit frechem Gesicht,
Und hönisch verlacht
　　Die heilige Pflicht;
Mein Engel, so schlag
　　Die Flügel so laut,
Bis Amor entflieht
　　Und bis es mir graut.

　　　　　　　　　　Doch

Doch siz ich allein
  Am goldnen Klavier,
Und sing' ich ein Lied
  Mein Engel von dir;
So säusle in mich
  Dein Himmelsgefühl
Und rüste mit Kraft
  Mein goldenes Spiel.

Wenn Andacht mein Herz
  In Himmel erhebt,
Das unter der Faust
  Der Flügel erbebt;
So öfne du mir
  Die künftige Welt
Bis glühend vom Aug'
  Die Zähre mir fällt.

Einst drükest du mir
  Zur ewigen Ruh
Mit Fingern von Duft
  Die Aeugelein zu.
Dann stürzt' ich dir — ach!
  Von Seeligkeit warm
Als deine Vertraute
  Mein Engel in Arm.

Dann

Dann lächelst du mir,
  Dann nennst du mich Braut,
Und küssest mich sanft
  Und himmlich vertraut.
Und führest mich selbst
  An rosichter Hand,
Du Bothe des Herrn,
  Ins wonnige Land.

Lottens Wiegenfest.

(Deklamation.)

Wie war dirs Lotte, als dein Wiegenfest
  Mit Purpurschwingen um dich spielte,
Und wie im Rosenthal der West
  Die Gluth auf deiner Wange kühlte! —
Wie war dirs, als dein Genius,
Mit weichen Lippen dir den Kuß
  Der Huldigung auf deine Stirne drückte?
Und mit dem Blick voll Zärtlichkeit,
Mit hoher Andacht, Gott geweiht,
  Aus weissem Duft gen Himmel blickte?
Wie war dirs, Lotte, sprich! —
Wie mir es ist an deinem Tage? —
Das frägst du mich? — vergeblich ist die Frage!
  O Lotte denke dran, wie zärtlich lieb ich dich?

Da fiz ich schon am goldbesaiteten Flügel
    Und singe meinen Wunsch und meiner Liebe
        Schmerz! —
O Muse, komm von deinem Sonnenhügel
    Und hauche mein Gefühl in meiner Lotte
        Herz! —

(Gesang.)

Die du mit rosichtem Finger
    Herzen der Liebenden lenkst,
Die du dem fühlenden Sänger
    Grose Empfindungen schenkst;
Cipria, komm aus der Grotte,
    Wo du den Busen dir kühlst,
Sing meiner liebenden Lotte
    Lieder, so süß, wie du fühlst.

Heute war Lotte gebohren,
    Cipria, heute hast du
Sie zur Gespielin erkohren;
    Grazien sahen dir zu.
Neidisch erblickten sie Lotte,
    Lotte gekoset von dir.
Sprachen zu Amor, dem Gotte:
    Gibt es der Grazien vier? —

Bilderin jeder Empfindung,
  Die mir die Holde geweiht!
Stifterin treuer Verbindung,
  Die mich und Lotte erfreut,
Knüpfe sie ewig, die Bande,
  Ewig sei Lotte für mich,
Untreu, o Götten! ist Schande,
  Treue ist Ehre für dich.

Götter der Liebe, haucht süsse
  Himmlische Düfte um sie;
Streut ihr Violen, die Füsse
  Lottens zerknicken sie nie.
Führt sie auf grünere Matten,
  Hize versenget das Land,
Wölbet ihr stärkere Schatten,
  Thaut ihr den brennenden Sand.

Führet mich selber zur Holden,
  Daß ich die Strahlen vom Licht,
Wie sie ihr Antliz vergolden,
  Sehe im schönen Gesicht.
Daß ich die Thränen der Freude
  Küsse vom schimmernden Blick;
Daß ich noch inniger heute
  Fühle der Liebenden Glück.

Daß

Daß ich halbstammelnd ihr sage:
    Lotte, wie lieb bist du mir!
Daß ich sie tausendmal frage:
    Hab ich auch Liebe von dir?
Daß sie verstummt und mit Küssen
    Glühend zu sagen mir scheint:
Liebe besteht im Geniessen! —
    Fragst du noch, trautester Freund? —

Theon

Theon
an Wilhelminen.

Wilhelmine, o du Holde!
  Die beim ersten Blick entzückt,
Denn mit seinem reinsten Golde
  Hat der Himmel dich geschmückt.
Höre — nicht mit Liebesklagen
  Füll ich dieses Lied dir an,
Meine Augen mögen sagen,
  Was der Mund nicht stammeln kann.

Deiner Schönheit Pfirschichblüthe,
  Deiner Laune Heiterkeit; —
Ach, dein Herz voll Himmelsgüte!
  Das die Unschuld nie entweiht;
Deiner Augen stilles Feuer
  Drinn der Liebe Schmachten flimmt,
Hat, o Traute! meine Leier
  Heut zu deinem Lob gestimmt.

Alles tönt mir: Wilhelmine!'
 Ueberall seh' ich dein Bild,
Wie dir aus verklärter Miene
 Weiblichzarte Anmuth quillt.
Wilhelmine! hallts in Lüften,
 Wilhelmine! seufzt der Bach,
In des Mondes Silberdüften
 Seufzt es meine Seele nach.

Wilhelmine, kann dies Wallen,
 Kann dies Klopfen meiner Brust,
Kann ein Jüngling dir gefallen,
 Der der Treue sich bewußt? —
Ach, so schaue mit den Blicken
 Deiner Engelhuld auf ihn,
Wonnestralendes Entzücken
 Reißt dann seine Seele hin.

O in deinen Armen leben!
 Wilhelmine, welch ein Glück!
Unsichtbare Geister schweben
 Goldgeschwingt um meinen Blick!
O mit dir! mit dir! — wie helle
 Wärs in meinem trüben Sinn —
Hüpfend wie die Silberwelle,
 Tanzte mir dies Leben hin.

Serafina
an ihr Klavier.

Sanftes Klavier!
Welche Entzückungen schaffst du in mir!
Sanftes Klavier!
Wenn sich die Schönen
Tändlend verwöhnen,
Weih ich mich dir,
Liebes Klavier!

Bin ich allein,
Hauch ich dir meine Empfindungen ein,
Himmlisch und rein.
Unschuld im Spiele,
Tugendgefühle,
Sprechen aus dir
Trautes Klavier!

Melancholie,
Dunkelt die Seele der Spielerin nie,
Heiter ist sie!
Tanzende Docken,
Töne, wie Glocken,
Flößen ins Blut
Rosichten Muth.

Sing ich dazu,
Goldener Flügel, welch himlische Ruh!
Lispelst mir du!
Thränen der Freude
Nezen die Saite!
Siberner Klang
Trägt den Gesang.

Tugend — ach — dir!
Unschuld, dir weih ich mein liebes Klavier.
Stimmet es mir,
Engel, ihr Hüter
Frommer Gemüther,
Jeder Ton sei
Himmel dir treu.]

Sanf=

Sanftes Klavier!
Welche Entzückungen schaffst du in mir!
Goldnes Klavier!
Wenn mich im Leben
Sorgen umschweben;
Töne du mir,
Trautes Klavier!

An Regina,
als sie krank war.
Im Sept. 1783.

Dein Saitenspiel schweigt; —
Nur beugt sich die Wehmuth drüber,
Und ihrer Wehklage Hauch
Weckt all die seufzenden Töne;
Sie wimmern, wie Lispel im Todtenkranze.

Du aber, Regina, liegst und duldest —
Könnten Engel erkranken;
Sie lägen und duldeten so.
Was lächelst du, Regina?
Fühlst du Nähe des Himmels?
Siehst du auf goldnem Gewölke
Geister liegen, die dein harren?

„Ich

„Ich sterbe gern —
So sagst du dem weinenden Vater,
„Ich sterbe gern —
So der gesunkenen Mutter.
„Was hat dies Leben für mich?

Und doch sind dir erst
Siebzehn Frühlinge verblüht;
Doch schmückt dich Schönheit und Unschuld,
Und Gotteslieb und Menschenhuld,
Und des Herzgefühls Tiefe,
Und des Seelenflugs Höhe,
Mehr, als sie je
Ein sterbliches Mädchen schmückte.

Ich aber lieg auf meinem Berge,
Und meine Todesklage hallt
Hinab in's Thal — hinab in's freye Thal.

Ha! Was strahlt dort herunter
Aus dem Gewölke der Nacht,
Und erleuchtet deine Hütte, Regina! —
Ein Bote des Himmels ist's,
Er bringt Erhörung:

„Regina, lebe!
„Sey die Lust der Welt,

„Und

„Und spät einst
„Der Engel Gespielin!
„Denn so gebot es der Herr!"

Du richtest dich auf, Regina,
Faltest deine Händ', und blickst
Weinendlächelnd gen Himmel!
Der Harfe stärkster Ton
Drückt meine Wonne nicht aus.

Gestreckt lieg ich auf meines Berges Rücken,
Und weine des Entzückens süsse Thräne,
Des heissen geflügelten Dankes süsse Thräne;
Denn, ach! du lebst — Regina, du lebst!

An meine Gattin.
In einer Krankheit 1778.

Geliebte! Lebe wohl, ich scheide;
  Dein armer Gatte flieht von dir.
Du warst mein Glück, warst meine Freude;
  Ja, Lebenswonne warst du mir.

Leb wohl, ich will dich nimmer sehen,
  Nicht küssen mehr auf dieser Welt;
Nicht hören deiner Stimme Flehen,
  Nicht seh'n, wie deine Thräne fällt.

Du würdest nur dein Leiden mehren,
  Sähst du mein bleiches Angesicht,
Zerfressen von viel tausend Zähren
  Mein Aug', aus dem das Elend spricht.

Sähst meinen Leib verwelkt, zerfallen,
    Und meine Brust von Seufzern schwach;
Sähst banges Blut in Adern wallen,
    Und hörtest mein gebrochnes Ach!

Mein Jammer soll dein Herz nicht quälen,
    Nur Gott und mir sei er bekannt;
Im Himmel will ich dir erzählen
    Das Elend, das ich überstand.

Dort soll es dir dein Engel sagen,
    Wie oft dein armer kranker Freund,
Bestürmt von tausend heissen Plagen,
    Für deine Ruh zu Gott geweint.

Wie er bis in den Tod dich liebte;
    Wie angstvoll es sein Herz bereut,
Daß er aus Leichtsinn dich betrübte —
    Aus Leichtsinn, nicht aus Grausamkeit.

O Freundin! Gott hat mir verziehen;
    Verzeih mir auch, du bist ja gut!
Sieh Thränen meiner Reue glühen,
    Sieh was verschmähte Tugend thut!

                      Ach!

Ach! sterben muß ich, und du drückest
    Mir nicht die starren Augen zu;
Kniest nicht an meinem Bett, und blickest
    Zu Gott, und flehst um meine Ruh?

So leb dann wohl! Des Himmels Seegen
    Beglücke dich nach meinem Tod;
Er, der in deinem Arm gelegen,
    Dein Mann, erfleht ihn dir von Gott.

O gönne mir die Ruh im Grabe!
    Du weißt wohl, Freundin! wie ich sie
Gesucht und nicht gefunden habe;
    Wie oft ich Armer nach ihr schrie.

Besuche meinen Todeshügel,
    Und pflanz' ein kleines Blümlein drauf,
Und sieh, von deines Engels Flügel
    Gekühlt, zum Sternenfeld hinauf:

Wo mein Geist herunter schauet,
    Und es mit stiller Freude sieht,
Wie deiner Wehmuth Zähre thauet,
    Wie noch die Liebe in dir glüht.

Nun,

Nun, tausend Dank für deine Treue,
 O drückt' ich dich an meine Brust!
Dort, Freundin! seh' ich dich auf's neue
 In ewig ungestörter Lust.

Leb' glücklich, wie die Christen leben,
 Einfältig, fromm und keusch und gut;
Der Vater wird dir alles geben,
 Der frommen Wittwen Gutes thut.

Küß' unsre Kinder meinetwegen;
 Sag' ihnen: Euer Vater starb,
Und hinterließ euch Gottes Seegen,
 Mit dem kein Waise noch verdarb.

O Weib! mir bricht das Herz; mein Ende
 Kömmt schon, ich fühl' die lezte Noth;
Dich seegnen meine starren Hände,
 Ich liebe dich bis in den Tod.

Wie seufzt mein Geist nach jenem Tage,
 Wo du dich aus dem Grabe schwingst,
Und frey von jeder Lebensplage,
 Die Rosenarme um mich schlingst.

Indessen stille deine Schmerzen,
    Und weine nicht zu viel um mich;
Dort schlagen wieder unsre Herzen,
    Und ewig, ewig lieb ich dich!

Das Mutterherz.

Mutterherz, o Mutterherz!
Ach! wer senkte diese Regung,
Diese flutende Bewegung,
Diese Wonne, diesen Schmerz,
Süß und schauervoll in dich?

Gott, der Herzenbilder,
Sprach zur rothen Flut
In den Adern: Milder
Fliesse still und gut!
Und da strömten Flammen
Alle himmelwärts
In der Brust zusammen —
Und es ward ein Mutterherz.

Mutterherz, o Mutterherz!
Diese liebevolle Regung,
Diese flutende Bewegung,
Diese Wonne, diesen Schmerz
Senkt ein Gott, ein Gott in dich!

Der
Tod Franciscus des Erſten,
Römiſchen Kaiſers.

Warum liegt die Krone hier auf dieſem Küſſen? Sie, die eine ſo unruhige Bettgeſellin iſt? O du goldene Sorge! die ſo manche durchwachte Nacht die Thüren des Schlummers weit offen hält! — O Majeſtät! du liegſt auf dem, der dich trägt, wie eine goldene Rüſtung am heiſſen Mittag. — Die Sorgen, die du machſt, haben das Leben eines Cäſars aufgezehrt; und alſo biſt du, obgleich das feinſte, doch das ſchlimmſte Gold. Anderes Gold, obgleich minder fein, iſt koſtbarer, da es, in eine trinkbare Arzney aufgelöst, ein Mittel zur Erhaltung des Lebens iſt: Du hingegen das feinſte, das hochgeſchäzteſte, das glorreichſte Gold, haſt den, der dich trug, des Lebens beraubt.

Shakeſpear.

I. Strophe.

Weh dir! ‧ mütterliches Land!
Der Donnerer ist wider dich entbrannt.
 Gehüllt in tausend Mitternächte
  (Ein rachevoller Siz!)
 Thront Er; — Aus seiner flammenden Rechte
  Fährt siebenfacher Bliz.
Und sein Olimp — Wie furchtbar steht er da!
 O wag' es nicht, Germania,
Zu seiner Spize aufzublicken,
 Sonst bauest du dein Grab.
Schon wälzen sich auf seinem braunen Rücken
 Geflügelte Donner hinab.

I. Antistrophe.

Es heult! es heult im Bauche der Erde —
Mit todtenbleicher Gebehrde
Hüpft die erschrockne Sängerin
Auf der erbebenden wellenförmigten Erde,
Wie auf glühendem Boden dahin.
Wie schwankt sie! Wie beben die Glieder!
Schnell, wie ein Pfeil, mit rauschendem Gefieder
Durchschneidet sie die Luft — und sieht,
Wo um sie her ein Heer von Sonnen glüht,
Auf dich, Germania! hernieder.

       Epodos.

Epodos.

Und sieht von himmelnahen Höhen
Tief unter ihr die Leichenfackeln wehen;
Mit ihrem Dampf steigt vor ihr Ohr
Ein klägliches Geheul empor.
Sie sieht, als wie von erderschütternden Gewittern,
Europens ersten Thron auf seinen Pfeilern zittern,
Und sinkt, wie in ein Grab,
Tyrol! in deine Gebirge hinab.
Sie sieht in kaum noch kenntlichen Zügen
Das Haupt Germaniens, den ersten Todten
                        liegen.
Die Krone neben Ihm in halberloschnem Glanz.
Wer ist der grose Todte? Franz.

II. Strophe.

Er ist's, den uns der Donn'rer nahm; —
Der schröcklichste von allen Engeln kam.
Sein Blick ist Glut! — Von seinem Flügel
Rauscht Tod und Mitternacht.
Unter dem Fußtritt beben die Hügel,
Wie von dem Lerm der Schlacht.
Er streckt sein Schwerdt! Mit weggewandtem Blick,
Gleich Stratons weggewandtem Blick,
Als Brutus seinen Stahl durchrannte —

So streckt er's hin auf ihn! —
Und plözlich fällt das Herz der deutschen Lande
Wie von Gewittern dahin.

II. Antistrophe.

O Jnsprugg! welch Entsezen und Grauen
Herrscht auf deinen blumigten Auen!
Dein Garten Gottes wird ein Grab.
Theresia weinet, die Königin der Frauen
Der Wehmuth sengende Zähre herab;
Und Joseph, der Beste der Söhne,
Schlingt seinen Arm mit einer Heldenthräne
Um seinen Vater bang herum.
Ein treues Volk steht thränenlos und stumm
Vor dieser grauenvollen Scene.

II. Epodos.

Wie Gemsen, die dem Tod entgangen,
Tirol, an deinen schroffen Felsen hangen;
So drohend hängt die Muse da.
Und siehet — was sie niemals sah —
Die Nacht wird plözlich hell! Ein Gott fliegt
                        durch die Lüfte,
Von seinen Flügeln thau'n des jungen Frühlings
                        Düfte;

                                    Die

Die Laute in der Hand.
Er ist es, dein Schuzgeist, o Vaterland!
Wie Engel um den Göttlichen glänzen!
Ich seh' es! Ja, sie sind's! Schuzgeister der
　　　Provinzen;
Ihr hoher Führer singt — In ungestöhrter Ruh,
Hört die betäubte Muse zu:

Da liegt der Erste deiner Prinzen,
　　O Welt! durch frühen Tod geraubt!
Und ihr, Schuzgeister der Provinzen,
　　Seht her! Da liegt der Deutschen Haupt.
Elegisch tönen meine Saiten,
　　Und jeder Schlag zerreißt das Herz.
Ich weine, Deutschland! deine Leiden,
　　Europa! deinen Schmerz.

Wir weinen mit in deine Saiten,
　　Und jeder Schlag zerreißt das Herz:
Wir weinen, Deutschland! deine Leiden,
　　Europa! deinen Schmerz.

Einst sanken meine Söhne nieder,
　　Und baten um der Nachwelt Glück!
Zevs schaute vom Olimpus nieder,
　　Und huldreich lächelte sein Blick.

Es schwam die mütterliche Erde
    Wie in der Morgensonne Glanz;
Zevs sprach sein schöpferisches: Werde;
    Er sprachs: Es wurde Franz.

Wir sahen es! die deutsche Erde
    Schwam in der Morgensonne Glanz,
Als Zevs sein schöpferisches: Werde
    Laut sprach: Es werde Franz.

Er wuchs empor, als wie der Wipfel
    Der königlichen Ceder schwillt,
Die Libanons geweihten Gipfel
    Mit ihrem braunen Schatten füllt.
Gott dachte: „Diesem Göttersohne
    „Ist ja sein Erbe viel zu klein;
„Er soll auf einem Kaiserthrone
    „Mein Nebenbuhler seyn."

So dachte Gott: Dem Göttersohne
    Ist ja sein Erbe viel zu klein;
Drum soll Er auf dem Kaiserthrone
    Mein Nebenbuhler seyn.

Schon trozt der Held auf seine Rechte;
    Hört, was der Gott der Götter sprach,
Und ahmt, im eisernen Gefechte
    Des Krieges, seinen Donner nach.

Bellone

Bellone leiht dem Helden Waffen,
  Mit Ihm voll edeln Zorns entbrannt;
Jedoch, Er legt, zur Wonn' erschaffen,
  Sie wieder aus der Hand.

Ja schröcklich klangen Helm und Waffen —
  Wir hörten's! — wenn sein Zorn entbrannt';
Jedoch, Er legt — zur Wonn' erschaffen,
  Die Blize aus der Hand.

Irene eilt, Ihn zu beglücken,
  Und zeiget Ihm Theresia.
Der Himmel strahlt in ihren Blicken;
  Hoch, wie die Juno, steht Sie da.
    Dianens Gang! Citherens Mienen!
      Die Tochter Zevs! Bellonens Lust!
  Wer diese Göttinn will verdienen,
    Sey Cäsar! sey August!

Ja, wer die Göttinn will verdienen,
  Sey Cäsar! sey August!

Ein Gott, in dem die Tugend thronet,
  Nur ein Franciscus ist es werth,
Daß eine Göttin Ihn belohnet,
  Und Ihn der sechste Carl verehrt.

Die Tugend schrieb in ihren Tempel,
  Auf goldner Tafel hängt es da:
Der Ehen grössestes Exempel
  Ist: Franz — Theresia.

Wir waren in der Tugend Tempel,
  Auf goldnen Tafeln steht es da:
Der Ehen grössestes Exempel
  Ist: Franz — Theresia.

Schaut her! Der Stolz von einem Volke,
  Ein Götterchor blickt aus dem Flor:
So blickt aus einer kleinen Wolke
  Des Mondes Angesicht hervor.
Ich seh' die Königin der Frauen,
  Und hinter Ihr den Götterzug!
Das Glück von einer Welt zu bauen,
  Ist Eines schon genug.

Wir seh'n Sie mit dem Stolz der Frauen,
  Und hinter Ihr den Götterzug:
Das Glück von einer Welt zu bauen,
  Ist Eines schon genug.

Dort auf der hohen Weisheit Pfade
  Steht Franz! Apollens Liebling! Er!
Minerva denkt in Ihm, und Gnade
  Hüpft auf den Lippen hin und her.

Oft

Oft saß Er in der Musen Haine;
  Toscana sah's! Es sah es Wien!
Er starb — wie stutzen sie die Neune!
  Wie klagen sie um Ihn!

Er wandelt' in der Musen Haine;
  Toscana sah's! Es sah es Wien!
Er starb — wie stutzen sie die Neune!
  Wie klagen sie um Ihn!

Hallt Nationen! Hallt Provinzen!
  Das Lied von Franzens Gnade nach,
Der mit dem Bettler, wie dem Prinzen,
  Mit eines Vaters Miene sprach.
Gefühlvoll, wie des Mitleids Triebe,
  Wohlthätig, wie der Himmel ist,
Zwar majestätisch, und doch Liebe!
  Ein Kaiser und ein Christ!

Gefühlvoll, wie des Mitleids Triebe,
  Wohlthätig, wie der Himmel ist!
Zwar majestätisch, doch voll Liebe,
  Ein Kaiser und ein Christ.

Noch trozt die Donau auf die Würde,
  Als sie den neuen Herrscher trug,
Und, stolz auf eine solche Bürde,
  So stark, wie Meereswellen, schlug.

Der

Der Zwillingsbrüder *) Wange glühte,
  Das Chor der Nereiden sprach:
Da schwimmt Neptun und Amphitrite!
  Ihr Ufer hallt es nach.

Da schwimmt Neptun und Amphitrite!
  So hallten sie es nach.

Jedoch, mit welchen Pinselzügen
  Mahlt man Ihn ganz, so wie Er war:
Ihn, der, o Deutschland! dein Vergnügen,
  Dein Vater, — mehr als Kaiser, war.
Wie segnend lächelten die Blicke
  Auf Joseph, seinen Sohn, herab;
Er sah' in Ihm der Deutschen Glücke,
  Und starb! — —

Ja segnend strahlten seine Blicke
  Auf Joseph, seinen Sohn, herab;
Er sah' in Ihm Europens Glücke,
  Und starb! — —

Dann schwung Er sich in einem Wetter
  Zum strahlenden Olymp hinauf.
Er kam — Es stunden alle Götter
  Von ihren goldnen Stühlen auf.

Zevs

*) Castor und Pollur.

Zevs lächelt huldreich auf Ihn nieder,
  Sein Vogel fliegt von seinem Thron;
Er schlägt sein struppichtes Gefieder,
  Und grüßt den Göttersohn.

Wie lächelt Zevs auf Ihn hernieder!
  Sein Adler fliegt von seinem Thron;
Er schlägt sein struppichtes Gefieder,
  Und grüßt den Göttersohn.

Doch, ach! mein Deutschland! —

III. Strophe.

                          So erklang
Gedämpft des Gottes weinender Gesang
In seiner schwachbezognen Laute Töne.
  Noch einmal sieht er Ihn
  Im Tod' — und eine geist'ge Thräne
  Fällt auf die Leiche hin. —
Doch Joseph kömmt! Erquickend wie das Licht,
Mit aufgeheitertem Gesicht
Sieht er den jungen Helden stehen,
Und seine Thräne fließt nicht mehr.
Zevs legt die Blize weg! Von seines Berges
                          Höhen
  Erschrecken die Donner nicht mehr.

III. Antiſtrophe.

Und mit gewittertönendem Flügel
Verläßt er niedrige Hügel,
Und ſingt aus blauer Höh' herab.
Und ſein Gefolge ſchlägt die rauſchenden Flügel,
 Und tönet von den Geſtirnen herab!

Hört es, und jauchzet, ihr Brüder!
Zwar ſchlug ein Bliz die höchſte Zeder nieder;
 Doch, heulende Gebürge, ſchweigt!
Seht, wie ein andrer Wipfel ſteigt!
 Und kühle Schatten wallen nieder.

Epodos.

Die Muſe hört die Göttertöne,
Steigt von den Felſen! Jede Thräne
Verſiegt — und was die Gottheit ſprach,
Spricht ſie mit Silbertönen nach:

Hört es, und jauchzet, ihr Brüder!
Zwar ſchlug ein Bliz die höchſte Zeder nieder;
 Doch, heulende Gebürge, ſchweigt!
Seht, wie ein andrer Wipfel aufwärts ſteigt,
 Und kühle Schatten wallen nieder.

Oetin=

Oetingers Mantel.

Als den Elias unsrer Zeit,
Als Oetingern ein Cherubswagen
In's Reich von Christus Herrlichkeit
Im sanften Säuseln aufgetragen,
Ließ er den Mantel schnell von Strahlenschultern
fliegen;
Er wogte durch die Luft herab —
Und blieb an des Propheten Grab
In sanftem Mondenschimmer liegen.
Viel Modeweise unsrer Zeit,
Zu blind für Oetingers verborgne Herrlichkeit,
Und stolz auf ihr Gewand von Spinneweben,
Verachteten den Mantel; ihn
Vom Grab nur aufzuheben,
War viel zu klein für ihren stolzen Sinn.
Auch Herder kam auf seinem Riesengange
Zum Hügel Oetingers, und funkelt lange

Mit Augenblitz den Mantel an;
Doch wandelt' er mit kühnen Schritten
Bald wieder fort auf seiner Bahn,
Und dacht': Mein Mantel ist aus gleichem Stoff
geschnitten.

Auch Hahn, des Todten Jünger kam, und
stumm
Blieb er am Hügel seines Lehrers stehen;
Sah' demuthsvoll hinauf zu Gottes Höhen,
Bückt sich, und warf den Mantel um.

Detins

Oetingers Todtenmahl.

Wandrer, steh!
Oetingers Aussaat
Schwillt hier zur Auferstehung.
Im Urlicht flammt sein Geist.
　Ihn
Den Schauer göttlicher Geheimnisse
Im Reiche der Natur
Und der Gnade;
Den Schreiber tiefen Sinns,
Den sanften Prediger der strengen Wahrheit,
Das Vorbild jeder Lehre —
Kennen nur wenig Edle.
Seine Gottesverehrung,
Jesusliebe,
Geistesglut,
Duldung gegen Irrende,
Bey aller Strenge gegen das Irrsal,
Seinen allumfassenden Brudersinn,
Die Kindereinfalt bey der Vielfalt grosser Kennt=
　　　　　　nisse,
　　　　　　　　　Demuth

Demuth beym Gefühl seiner Christengrösse;
Kennen Christus und Engel allein.
Was er im Nachtthal glaubte,
Das schaut er nun auf Sions
Sonnenberg,
Und predigt im Geist,
Was er gepredigt im Fleisch.

   * * *

 Wandrer, geh!
Lern ihn verstehen;
Dann folg' ihm.
Bey Luther, Arnd, Bengel,
Im Strahlenheer
Der Erstlinge Christus
Findst du ihn wieder.
Kindlein, die er waidete mit treuem Stabe,
 Weinet nicht!
Oetinger, euer Vater und Hirt
Erwacht am Tage der rufenden Schnitter,
Und des Christus=Triumphs,
Um ewig zu strahlen
In der erkämpften Krone.
Halleluja!
Kindlein! weinet nicht!

  (Starb den 11. Febr. 1782. im 82. Jahr.)

An die Tonkunst.

Göttin der Tonkunst, auf purpurnen Schwingen
Kamst du von Sion zu Menschen herab;
Lehrtest sie flöten, und spielen, und singen,
Griffst in die Harfe, die Jova dir gab.
Thiere und Pflanzen
Strebten zu tanzen;
Kummer und Schwermuth mit wolkigtem Blick
Wichen dir, mächtige Göttin! zurück.

Jezt töntest du der Liebe Freuden
In's hohe Harfenspiel.
Du sangst von Minneseeligkeiten,
Und jede Note war Gefühl.
Göttin der Tonkunst, auf purpurnen Schwingen,
Kamst du von Sion zu Menschen herab!

Jzt fiengst du an zu spielen
Den stummgewordnen Schmerz,
Bis süsse Thränen fielen
Und lüfteten das Herz.
Göttin der Tonkunst, auf purpurnen Schwingen,
Kamst du von Sion zu Menschen herab!

Jzt rauschten die Saiten
Von hüpfenden Freuden;
Es kam im blühenden Kranz
Der wirbelnde schwäbische Tanz.
Göttin der Tonkunst, auf purpurnen Schwingen
Kamst du von Sion zu Menschen herab!

Nun schwang die Göttin sich zum Chor
Der Feyernden im Gotteshaus empor,
Und griff mit mächtiger Faust
In's Orgelspiel: Die Töne flogen
Brausend empor; so braust
Der Ocean mit seinen Wogen —
Und Hallelujah donnerte der Chor
In Fugen zum Himmel empor.
Göttin der Tonkunst, auf purpurnen Schwingen
Kamst du von Sion zu Menschen herab!

Und

Und nun sangst du ein Kirchenlied;
Die Andacht mischt sich drein,
Die betend vor dem Himmel kniet;
Und singend schlief sie ein.
Göttin der Tonkunst, auf purpurnen Schwingen
Kamst du von Sion zu Menschen herab;
Lehrtest sie flöten, und spielen, und singen,
Griffst in die Harfe, die Jova dir gab.
Thiere und Pflanzen
Strebten zu tanzen;
Kummer und Schwermuth mit wolkigtem Blick
Wichen dir, mächtige Göttin! zurück.

Todtengesang

ihrem Vater und Führer Herrn Philipp Friederich von Rieger ꝛc. im Namen der sämtlichen Officiers seines Bataillons.

Ich höre die Stimme des Weinens auf dem einsamen Berge; denn der Vater der Kriegsschaar ist gefallen. —

Wie fiel der Vater der Kriegsschaar, o Sohn des einsamen Berges? —

Er fiel nicht, spricht heulend des einsamen Berges Sohn; er fiel nicht wie der schweigende Stern der Nacht, wenn er durch's Dunkel fleugt und verschwindt. — Aber wie ein Luftbild war er, das in ein ferneres himmlisches Land hineinschießt, und Streiffen zurückläßt im Gesichte des nachblickenden Wanderers.

Ossian.

Er fiel, — So stürzt der Wetterstrahl
    Des Berges Tanne nieder! —
Ach, Rieger fiel! — Ihr Brüder, weint:
Denn solchen Vater, solchen Freund,
    Wo finden wir ihn wieder?

Gott! welch ein Anblick war's, als wir
    Um seine Leiche standen! —
Und — ach! den schrecklichen Verlust,
Den Dolch gedreht in unsre Brust
    Mit vollem Schmerz empfanden!

Der graue Krieger zitterte,
    Stand stumm, und weinte lange!
Dem jüngern Krieger brannt' das Herz;
In heissen Tropfen quoll sein Schmerz
    Von sonnenbrauner Wange.

Ein Todtenacker scheint der Berg,
    Beglänzt vom Mondenlichte.
Soldaten stehen weggewandt,
Und trocknen sich mit rauher Hand
    Die Thränen vom Gesichte.

Ha, Kamerad! möcht' heulen laut —
    So sprechen harte Krieger;
Denn unser General ist tod,
Der liebreich uns die Rechte bot,
    Ach! unser Vater Rieger!! —

Gott weiß, er war Soldatenfreund,
    Half Leidenden und Armen;
Zwar hagelscharf dem Bösewicht,
Doch Brafen — mild, wie Mayenlicht,
    Voll Mitleid und Erbarmen.

Einsamer Asperg! traure nur,
    Dein Vater ist geschieden!
Der deinen Scheitel so geziert,
Der so mit Weisheit dich regiert —
    Dein Vater ist geschieden!!

Ha, Träger! nehmt die Leiche nur
    Verstummend auf den Rücken;
Wir schreiten schweigend hinterher
Mit grabgesunkenem Gewehr
    Und thränenschweren Blicken.

D,

O, lauter als Kanonenschuß
    Und Krachen kleiner Wehre,
Schickt, Vater! dein Bataillon
Den Dank vom Grab zu Gottes Thron,
    Getaucht in manche Zähre.

Ja, tausend Dank! — Ach, tausend Dank!
    O Vater für uns alle!
Ja wohl, ein Vater warst uns du! —
Zieh' ein, zieh' ein zur ew'gen Ruh
    In deine Todtenhalle.

Gott selbst im Himmel lohn' es dir,
    Was du uns hier erwiesen!
Mit Himmelsruh und Herrlichkeit,
Mit ew'gem Frieden nach dem Streit —
    O, tausend Thränen fliessen! —

Geist Rieger! schau herunter nun
    Aus deiner Wolkenhülle,
Und hör' des Weinens Stimme — Hör'
Der Deinen Sehnsucht, tief und schwer!
    Den Dank aus Herzensfülle!!

Ach, droben, Vater! stehst du schon
　　Am Thor vor Gottes Garten,
Und betest mit gefaltner Hand
Für uns in diesem Gräberland,
　　Und wirst uns all' erwarten!! —

Der kalte Michel.
Erzählung.

War einst ein Teutscher Junker
 Im prächtigen Paris:
Er wollt' sein Geld in Ehren
Und mit Geschmack verzehren
 In Frankreichs Paradies.

Auf einmal blieb der Wechsel
 Ihm allzulange aus.
Er schrieb zwar viel naive
Und wohlgesezte Briefe,
 Doch keiner kam von Haus.

Des Franzmanns Komplimenten —
 Die waren izt nicht groß;
Nur die mit vollen Händen
Ihr teutsches Geld verschwenden,
 Grüßt gerne der Franzos.

Da war der Junker traurig,
  Und hängt das Mäulchen schief.
Es äugelt ihm izunder
Vergeblich der Burgunder,
  Er will nur Geld und Brief.

Einst schaute er zum Fenster
  Mit dunkelm Blick' hinaus;
Schon träumt er von Pistolen,
Von Mord und Teufelholen;
  Da kam sein Knecht von Haus.

Gleich schrie er: „Guter Michel,
  O komm doch 'rauf zu mir!"
Der Michel sprach: „Ihr Gnaden!
Ein Schöpplein könnt nicht schaden;
  Ich weiß kein Wirthshaus hier."

Der Kerl war nun im Zimmer;
  Der Junker fragt: „Was Neus?"
Doch Michel sezt sich nieder,
Labt erst mit Wein die Glieder,
  Dann sagt er, was er weiß.

„Ey,

„Ey, denkt doch, gnäd'ger Herre!
  Der Rabe ist verreckt.
Er hatte wenig Futter,
Auf einmal fraß er Luder,
  Bis er davon verreckt."

„Wer gab ihm so viel Luder?"
  Frägt Junker schon gerührt.
„Ha! euers Vaters Pferde —
Ihr wißt's, von grosem Werthe,
  Sie waren halt krepiert."

„Was, meines Vaters Pferde?"
  Ha! 's ist ja schon bekannt!
Ihr Gnaden! muß nur sagen,
Vom vielen Wassertragen
  Verreckten sie bei'm Brand.

„Was sagst von einem Brande?"
  Hm! ja in euerm Haus.
's ist eben kein Mirakel;
Denn, spielt man mit der Fackel;
  So kömmt gleich Feuer aus.

„Ach,

„Ach Gott! mein Schloß verbrannte?"
　　Ihr Gnaden sagt es gleich.
Mit Fackeln und mit Kerzen
Ist warlich nicht zu scherzen,
　　Wie bei der Mutter Leich.

„Wie, Michel, meine Mutter?" —
　　Ja freilich ist sie tod:
Sie hat sich halt bekümmert,
Und Kümmerniß verschlimmert
　　Das Blut, und bringt den Tod.

„Wer hat sie denn bekümmert?"
　　Ihr Vater, wie man sagt.
Der hat vor sieben Wochen,
Halt das Genik gebrochen,
　　Und zwar auf einer Jagd.

Der Junker sich an Schädel
　　Mit beiden Händen schlug —
„Wär' ich doch nie geboren!
Ha! alles ist verloren! —
　　Verdammter Hund, genug!

Ist nicht so arg, sprach Michel;
 Was braucht's des Lärmens da?
Ich schwimm, bei meiner Ehre,
Gleich izo auf dem Meere
 Fort nach Amerika.

Und mir nichts, dir nichts, plözlich
 Floh er mit ihm davon!
Europa bleibt zurücke,
Sie machen bald ihr Glücke
 Beim grosen Washington.

Winterlied
eines schwäbischen Bauerjungen.

Mädel, 's ist Winter, der wollichte Schnee,
Weiß, wie dein Busen, deckt Thäler und Höh.
Horch', wie der Nordwind um's Häuslein her pfeift!
Hecken und Bäume sind lieblich bereift.

Mädel, 's ist Winter, die Bäche sind Eis;
Dächer der ländlichen Hütten sind weiß;
Grau und ehrwürdig, im silbernen Flor,
Streckt sich der stattliche Kirchthurm empor.

Mädel, 's ist Winter. Mach's Stüblein fein
     warm;
Sez dich zum Ofen, und nimm mich in Arm!
Lieblich und kosend, wie rosichten May,
Führt uns die Liebe den Winter vorbey.

         Drehst

Drehst du mit Fingern, so reinlich wie Wachs;
Seidene Fäden vom silbernen Flachs,
Schüttl' ich die Ageln dir schäkernd vom Schurz,
Mache die Nächte mit Mährlein dir kurz.

Mädel, 's ist Winter. O wär'st du schon mein!
Schlüpft' ich ins blähende Bettlein hinein;
Rähm' dich, mein herziges Liebchen! in Arm;
Trozte dem Winter. Denn Liebe macht warm. —

Lisels

Lisels Brautlied.

Mädels, sagt es laut,
„Lisel ist 'ne Braut."
Michel thut mich heuren,
Haus und Hof und Scheuren
Sind für mich gebaut;
Ich bin eine Braut.

Michel, der ist mein!
O wie wird's mir seyn,
Wann am Dienstag frühe
In die Kirch' ich ziehe?
Und wann Alles schaut
Auf die Jungfer Braut.

Wenn die G'meinde singt,
Und die Orgel klingt:
Wenn mein Ja ich sage
Zu des Pfarrers Frage,
Mir schauert die Haut;
Ich bin eine Braut.

Mit dem Hochzeitkranz
Eil' ich dann zum Tanz.
Hackbrett, Geigen, Pfeifen
Muntern auf zum Schleifen,
Bis der Morgen graut —
Hoh! ich bin 'ne Braut!

Roth wird mein Gesicht,
Wenn er mit mir spricht.
Wenn er mir am Mieder
Krappelt hin und wieder; —
Schlägt mein Herz so laut:
Ich bin halt 'ne Braut.

Wenn's

Wenn's doch Dienstag wär;
's Herzle wird so schwer!
Schwestern! ist's ein Wunder,
Wann die Backen 'runter
Mir ein Zährlein thaut? —
Bin ich doch 'ne Braut!

Schwäbisches Bauernlied.

So herzig, wie mein Lisel,
Gibt's halt nichts auf der Welt,
Vom Köpflein bis zum Füssel
Ist sie gar wohl bestellt:
Die Wänglein weiß und roth;
Ihr Mund, wie Zuckerbrod.
So herzig, wie mein Lisel,
Gibt's halt nichts auf der Welt.

Viel weicher als die Seide
Ist ihr kohlschwarzes Haar,
Und ihre Aeuglein beide
Sind wie die Sternlein klar;
Sie blinzeln hin und her,
Sind schwarz, wie Vogelbeer.
So herzig, wie mein Lisel,
Gibt's halt nichts auf der Welt.

Im Dörflein ist kein Mädchen
So fleißig, wie mein' Braut;
Im Winter dreht sie 's Rädchen,
Im Frühling pflanzt sie 's Kraut;
Im Sommer macht sie Heu,
Trägt Obst im Herbst herbey.
So herzig, wie mein Lisel,
Gibt's halt nichts auf der Welt.

Auch schreibt sie, 's ist ein Wunder;
Jüngst schickt sie mir 'nen Brief,
Daß mir die Backen 'runter
Das helle Wasser lief;
Liest sie in der Postill,
So bin ich mäusleinsstill.
So herzig, wie mein Lisel,
Gibt's halt nichts auf der Welt.

Ihr sollt sie tanzen sehen,
Mein trautes Liselein;
Sie hüpft und kann sich drehen,
Als wie ein Wiselein;
Doch schleift und tanzt sie dir
Am liebsten nur mit mir.
So herzig, wie mein Lisel,
Gibt's halt nichts auf der Welt.

H.

O, traute Lisel! länger'
Renn' ich nicht hin und her;
Es wird mir immer bänger,
Wenn doch die Hochzeit wär':
Im ganzen Schwabenland
Kriegst keine treu're Hand!
O du, mein' traute Lisel!
Wenn doch die Hochzeit wär'!

Der Bauer in der Erndte.

Ihr Buben, frisch ins Feld hinaus,
    Es winken uns die Aehren!
Wir wollen auf dem Acker draus
    Den lieben Herrgott ehren.
Hört, wie der Schwalbe Lied so fein
    Auf unsrer Rinne klingt,
Und wie dies kleine Vögelein
    So wunderlieblich singt.

Da schaut einmal die Halmen an,
    Von tausend Aehren trächtig,
Und so viel tausend Körnlein dran,
    Wie ist doch Gott so mächtig!
So gülden, wie mein Korn, ist nicht
    Des kleinen Jergleins Haar;
Jezt glaub' ich, was der Pfarrer spricht,
    Ich seh's ja, es ist wahr.

Die Wölklein ziehen über mir,
    Wie Lämmlein, still vorüber;
Du guter Gott! wie dank' ich dir,
    Mir gehn die Augen über.
Er, der mein Haus mit Trank und Brod,
    Der mir mein Vieh erhält;
So gut, wie unser lieber Gott,
    Ist halt nichts auf der Welt.

In einem Orte, weit von hier,
    Wie wird's da werden theuer!
Der Hagel fiel, man sagt' es mir,
    So groß, wie Hünereyer.
Die guten Leutlein dauern mich
    In ihrer grossen Noth;
Gott weiß, mit ihnen theilte ich
    Den lezten Bissen Brod.

Heut stell' ich einen Feyrtag an,
    Den lieben Gott zu preisen;
Dort kömmt ja mein Gevattermann,
    Der singt nach allen Weisen.
Gelt, Weiblein, gelt, du singst mit mir?
    Ihr Buben, lobet Gott!
Nun, G'vattermann, so singt uns für:
    Nun danket alle Gott!

Serafina's Weihgesang.

Herrlich in des Himmels Maienblüthe
    Serafina, kam dein Wiegenfest.
Deines Engels Frühlingswange glühte
    Sanftgekühlt vom Paradieseswest.

Sechzehnmal bläht' sich die goldne Traube
    Von der Gluth der Sonne ausgekocht,
Sint der Zeit, daß dir, du Frühlingstaube
    Purpurblut in blauen Adern pocht.

Wie die Blätter gelb am Weinstock hangen,
    Wenn die Stürme rauh vorüberziehn;
Ach, so muß der Reiz auf deinen Wangen,
    Deiner Jugend Morgenroth verblühn.

Aber

Aber Unschuld, die die schlanken Glieder
  Kleidet in des Himmels Rosenduft,
Krümmt kein Alter, wie den Körper nieder —
  Siegend schwebt sie über Zeit und Gruft.

Serafina, laß uns heute bethen!
  Großes hat dein Gott an dir gethan;
Andacht müsse deine Wange röthen,
  Stehst du heut den schönern Himmel an.

Die Gesundheit, die in Purpurfluthen
  Schäumend sich durch deine Adern geußt!
Ach, dein Herz, so voll Gefühl des Guten,
  Und den hohen Gottgeschaffnen Geist;

Deine Finger, die dem Spiel gebieten,
  Leichtgeflügelt, wie der frohe Scherz,
Daß die Töne Donnerstürme wüten,
  Oder sanfter athmen, wie dein Herz;

Deinen Vater, deiner Mutter Leben,
  Deinen Führer, diesen weisen Mann —
Alles dies hat dir dein Gott gegeben! —
  Hat er Großes nicht an dir gethan?

Dank ihm nur durch Unschuld deiner Sitte
 Und mit jeder sanften Weiblichkeit;
Zittre vor dem ersten falschen Schritte,
 Den dein gutes Herz so bald bereut.

Fluch dem frechen Schattenungeheuer,
 Fluch der Wollust, wenn sie dich beschleicht,
Und dir höhnisch schäumend Gift und Feuer
 Im bekränzten Goldpokale reicht.

Augenflammen gab dir Gott zu Waffen,
 Wenn ein Feind der Tugend sich dir naht;
Brauche sie, den Frevler zu bestrafen,
 Der dich locken will vom Tugendpfad.

Gottes Ruhe wird dein Herz durchsäuseln,
 Bleibst du nur der keuschen Tugend hold,
Wenn auch Stürme deine Stirne kräuseln,
 Hinter ihnen strahlt der Sonne Gold.

Alle Freuden, die die Tugend krönen,
 Wünsch' ich dir, du Herzenssiegerin;
Und von meines Landes Heldensöhnen,
 Werde dir der frömmste zum Gewinn.

Und

Und wenn deine Tage weggeschwunden,
    Wölklein gleich im Sommerabendwind,
Ach, so stirb — mit keinen Seelenwunden
    Schwerbelastet — liebes, holdes Kind.

Gottes Engel gleite deine Seele
    Hochhinüber in der Frommen Kreiß.
Ach, dann bist du ewig ohne Fehle,
    Und dein Brautgewand ist roth und weiß.

Am Regina=Tage.

Regina, sieh, vom Himmel schaut,
Dein Tag, geschmückt, wie eine Braut.
So lächlend, wie der Frühling ist,
Wenn Flora seine Wangen küßt.

Und ich, Regina, flieg zu dir,
Und lispfe dir am Goldklavier
Die Wünsche meines Herzens zu,
Und freudeweinend singst sie du.

Als dich die Mutter einst gebahr,
Trat zu der Wiege unsichtbar
Dein Genius im Lichtgewand
Und drückte dir die kleine Hand.

Dann sprach er: „Holdes Schwesterlein,
Regina soll dein Name seyn.
Doch siehst du einst im Himmel mich;
So nenn' ich Serafina dich.

Gott gab dir geistiges Gefühl,
Und Menschensang und Flügelspiel,
Und trautes Mädchen, mehr, als dies,
Ein Herz, gemacht für's Paradies.

O, daß die faule Sinnlichkeit
Nie diese reine Seel' entweiht,
Und daß, gewiegt von Gotteshuld,
Dein Herz beflecke keine Schuld!

Daß Lieb' und Freundschaft dich erfüll'!
Daß dich der Unschuld Seide hüll'!
Daß alle deine Freuden rein,
Selbst deine Wünsche heilig seyn!

Gott gab mich dir zum Genius,
Regina, nimm den Bruderkuß
Und walle stets an meiner Hand!" —
So sprach der Engel, und verschwand.

An Serafina.

Wie ein Engel stieg der Tag, der dich gebahr,
    Vom Olympos, Urlicht im Antlitz,
Und die blauen Flügel thauend
    Von goldnen Tropfen.

Da grief ich nach dem Saitenspiel,
    Das mir einst Braga gab,
Und zitterte mit der Hand der Begeistrung
    Sein Goldgeweb' hinab.

Serafina! Serafina! so scholl's vom Himmel,
    Serafina! — hallt's mein Saitenspiel nach,
Und Thränen der Wonne riselten
    Sein Goldgeweb hinab.

Schönheit stand in ihrem Silberflor
    Mit der Tugend einst an deiner Wiege,
Gaben deinem Leibe jeden Liebreiz,
    Deiner Seele Adlerschwung.

Schönheit taucht' in das Morgenroth
    Ihren Lilienfinger, deine Wangen
Tuschte sie mit jener Röthe,
    Die des Himmels Rosen überstralt.

Feuer, wie der Sirius herunterflimmt,
    Strömt sie dir ins hohe Auge,
Rüstet es mit jenem Wetterleuchten,
    Das die Liebe zeugt.

Schlank, wie eine Ficht' am Bache
    Gepflegt von Gottes Hand,
Am Stamm, umtanzt von Silberwellen,
    Am Wipfel, von Himmelslicht gesonnt, —

Wuchsst du empor — dir floß das Haar —
    Wie Evens Haar, als sie sich sanftbelächlend
Am Pison stand, und mit den Rosenfingern
    Die goldnen Locken kämmte.

Dann koßte dich die Harmonie,
    Und stimmte jede Saite deines Herzens
Zum feinsten Wohllaut. Zaubereien
    Wirbelst du im Flügelspiel.

Und ach! ich starr' an deinem hohen Flügel,
　　Wie am Kristallmeer. Schlürfe
Mit heissem Flammendurste
　　Die silbernen Noten in mich.

Aber mehr, o Serafina! mehr, als dies —
　　Mehr noch, als Schönheit, die verblüht,
Als deines Flügels Rasereien,
　　Als deiner Stimme Sphärenklang —

Mehr noch ist deine Engelseele!
　　Die im Geniusfluge
Zur Sonne fleugt, und Urlicht trinkt,
　　Und Gottes Gröse fühlt.

Und ach! dein Herz vom Drange
　　Der Menschheit voll. So himmlisch schön,
Wenn dir's herauf in's Antliz steigt,
　　Und schwimmt im thränenhellen Blick.

Wenn dich der Hauch der kleinen Lüste trübt,
　　Wenn du die Unschuld deines Herzens
Von ferne nur entweihst; —
　　Dann zittern dir die Perlen vom Gesicht:

　　　　　　　　　　　Dein

Dein Herz ist abgeleitet von dem Strom
  Der hochherab vom Throne Gottes fleußt,
Drum schauerst du und blutest Büsserthränen,
  Wenn Schlamm sich wölkt im Spiegelbach.

O Serafina, Gott bewahre dir dein Herz!
  Mehr sag' ich nicht, denn ach! zu viel,
Zu viel hab' ich aus deiner Schönheit Schaale
  Der Honigtropfen eingeschlürft.

Ich taumle noch im Rausche deiner Reize —
  Bis, ach! ein Thränenstrom
In meinem Kerkergrab geweint
  Mich wieder nüchtern macht.

O Serafina, ewig lieb' ich dich! —
  An deinem Feste schwör' ich's dir!
Am Throne Gottes schwör' ich's dir!
  O Serafina, ewig lieb' ich dich!

Ist's Sünde, gute Seele! daß ich dich
  Mit diesem Flammenungestüm
Ergrief und liebe — ist's mir Sünde?
  O Serafina, so verzeih es mir!

Müd

Müd herabgeneigt an deine Sohle,
   Die auf der Erde ruht, mit grosen
Heissen Tropfen im Feuerantliz bitt' ich dich:
   — O Serafina, ach! verzeih es mir! —

Die zwo Schwesterseelen.

Schön ist Ludovikas Seele
  Der Zauberin mit Farben; —
Schön ist Regina's Seele
  Der Zauberin mit Tönen; —
Zwo Flammen Gottes fuhren sie
  — Einander traulich umschlingend
Aus der Hand des Menschenbilders,
  Um der Erde Schmuck zu seyn.

Ha, da sind sie nun
Die zwo sich traulich umschlingende
Gottesflammen,
Und zaubern mit Farben
Und zaubern mit Tönen —

Aber was ist der Farben Zauberei,
Der Töne Zauberei —
Gegen Ludovika's Madonnablick?
Gegen Regina's Herrscherblick? —
Was Farbengemisch und Tonsturm
Gegen dem Flämmchen voll Engelgefühl
Auf Ludovika's Wange spielend? —
Gegen der himmlischen Gluth,
Die Regina's Antliz verklärt? —

Wenn Regina liegt an Ludovika's Busen,
Wenn Ludovika niederblickt
Auf ihre Freundschaftathmende
Engelschwester; —
   Dann liebäugeln die Sterne,
   Und aus Düften des Monds blicken Geister
                     des Himmels
   Und belächeln die Schwesterseelen.

Gott aber, der Wonneschaffer,
   Thaut Seegen auf sie und spricht:
Ludovika, Regina,
    Lebt miteinander,
     Sterbt miteinander!
Einst einigt euch ewig mein Himmel! —

                       D

O Glücklicher! — dem Regina
   Den Himmelgedanken zuhaucht:
      Ich liebe dich! ewig die Deine!!
Beneide kein Königsdiadem,
Keinen Kaiserthron —
Dann — Regina liebt dich!

Mein leztes Wort an Regina.

Siegerin, versenkt in tiefes Trauren,
Ohne Kraft, die Thränen auszuschauren,
    Weih' ich dir dies bange Abschiedslied.
Abgespannt sind alle meine Saiten,
Sieh', wie mir die Händ' heruntergleiten —
    Ach, vom langen Ringen sind sie müd.

Schwermuth, die auf meinem Herzen brütet,
Abschiedsqual, die feurig in mir wütet,
    Macht mein Lied zum hohlen Sterbgesang.
In gebrochnen, seufzenden Akkorden,
Mit erstikten, halbgesagten Worten
    Sing' ich dir des Herzens vollen Drang.

Alles ist um mich in Flor gekleidet,
In dem Schleier einer Wittwe schreitet
 Vor mir her die seufzende Natur. —
Alles, alles schwimmt um mich in Thränen!
Nirgends find' ich Widerstral des Schönen,
 Gräber, furchtbargähnend seh' ich nur.

Denn du gehst — des Abschieds Todesstunde
Schlizt mir — ach! die halbgeheilte Wunde
 Mit der Hand von Eisen wieder auf.
Einsam, ohne dich, o Serafine!
Wein' ich mit vom Gram durchfurchter Miene
 Aus dem Kerkerstaub zu Gott hinauf.

O du Schmuck vom weiblichen Geschlechte!
Komm, ergreif' mir die gesunkne Rechte,
 Daß ich dir die Hände drücken kann.
Ach nur einmal mit dem Aug' voll Liebe,
Mit dem Blick von sanfter Wehmuth trübe,
 Sieh' mich einmal noch — du Auserwählte, an.

Eile dann hinunter von dem Walle,
Ach! — begleitet von dem dumpfen Schalle
  Meiner Seufzer eile dann hinab.
Gottes Engel, der die Unschuld hütet,
Und den Feinden um dich her gebietet,
  Leite dich mit seinem goldnen Stab.

Wenn du wühlst im strahlenden Gewebe
Deiner Saiten, Zauberin, so schwebe
  Geistig meine Angstgestalt um dich.
Denk: „Dort droben leidet der Betrübte,
Der mit Feuerungestüm mich liebte,
  Und nun klagt und jammert er um mich."

Falte dann für mich die frommen Hände,
Daß Gott meinen langen Jammer ende,
  Mit der Freiheit! — oder mit dem Tod!—
Ach, dein Mitleid wird dir Jova lohnen,
Der schon oft die schönste seiner Kronen
  Einer Seele, wie die deine, bot.

Sterb'

Sterb' ich; so besuche meinen Hügel,
Wo mein Leib, bedeckt vom Mutterflügel
  Unsrer lieben Erd' im Grabe ruht.
Denk' in deiner schönen Seel': „Hier unten
Hat der Arme einmal Ruh' gefunden
  Vor dem Welthaß und Tirannenwuth.

Ach dann wird sein Schatten um dich schweben,
Und wenn Thränen dir herunterbeben,
  Wird er kühlen dir dein Angesicht.
Der Geliebte, der dir stumm zur Seite,
Gab zu meinem Grabe das Geleite,
  Liebt dich stärker dann — und eifert nicht.

Danken will ich dir in Gottes Garten,
Wo die Edlen aufeinander warten,
  Für die Freundschaft, die du mir geweiht.
Jede Ruh', die du in mich gegossen,
Alle Thränen, die dem Mitleid flossen,
  Lohnt dir dann die Lust der Ewigkeit.

Ihr Fest.

O Regina, wenn deine Zefirhände
　　Wie Engelflügel den Rosenbusch
Fächeln — die Tasten
　　Deines goldnen Saitenspiels; —
Wenn dann, Harmonia, die Göttin
　　Neben dir schwebt, und mit dem Schlage
Der Flügel, — deines Saitenspiels
　　Gedanken beseelt; deine Töne weckt und
　　　　　auftrinkt;

So steh' des Gefangnen Bild vor deiner Seele,
　　Wie er ächzt im Kerkergeklüft,
Und am Tage deines Werdens
　　Für dich bethet, daß die Stirn' ihm glüht!
Daß Funken der Liebe dem Aug entsprühn
　　Und der Andacht Zähr' im Staube perlt.

　　　　　　　　„Laß

„Laß sie leben! so seufzt er, der Einsame!
    Laß sie leben, Erbarmer! Guter!
        Gieb ihr der Freuden viel!
Nur wenige Tropfen laß sie schlürfen
        Aus dem Becher der Leiden!
Ach, nur wenige Tropfen
        Von deiner Gnade durchsüßt! —
Und spät — o spät erst, du Schaffer und Tödter!
    Gieb ihr den Kuß der innigsten Liebe,
Daß ihre Seele — dein Meisterstück —
    Im Entzücken vom Leibe sich trennt!

An
Herrn General von Hügel.

Hügel, nicht der Ahnen graue Zierde,
    Nicht der Feldherrnstab,
Nicht des Bergbeherrschers Schimmerwürde
    Die dein Fürst dir gab;

Nicht der Muth des rüstigen Soldaten,
    Nicht die Thätigkeit,
Die zu künft'gen, lorbeerreichen Thaten
    Deine Krieger weiht;

Sei am Tage, da das Licht dich küßte,
    Innhalt vom Gesang;
Wenn ich dich als Krieger loben müßte,
    Säng' ich nur aus Zwang.

Aber frei, wie Bäche sich vom Felsen,
  Voll, wie Ströhme sich
Von Gebürgen in die Thäler wälzen,
  Sing' ich, Hügel, dich!

Dich, den Bether, der in frommer Stille
  Oft im Gluthgebeth
Mit des Christenherzens ganzen Fülle
  Für die Menschen fleht;

Dich — der mit dem hohen Kriegermuthe
  So viel Huld vereint,
Daß er selbst beim Schwunge seiner Ruthe
  Aus Erbarmen weint;

Dich, den Sanften, dem vom Munde selten
  Donnersprach' entwischt,
Und wenn ihn der Frevler zwingt zu schelten,
  Gnade drunter mischt.

Dich, den treuen, dich, den liebevollen,
  Zärtlichen Gemahl,
Dem der Gattin Wonnethränen rollen,
  Thränen ohne Zahl;

Dem die Kinder froh entgegen fliegen! —
    Ihres Lebens Ruh,
Ihre Stüz' und Vorbild, ihr Vergnügen,
    Bist als Vater du;

Dich, den nie die grinsende Schikane
    Nah' am Throne schreckt,
Weil den Freund der Tugend — Gottes Fahne
    Schüzet und bedeckt;

Dich, der voller Mitleid sich zum Armen
    Sanft herunter neigt,
Und dem Gram sein Auge voll Erbarmen
    Auch im Kerker zeigt;

Bin ich nicht verlassen und gefangen
    Hier im Kerkergrab?
Trocknest du nicht von verbleichten Wangen
    Mir die Zähren ab? —

Edler Mann, ich habe viel erfahren,
    Unaussprechlich viel;
Mancher Harm in Neun durchächzten Jahren
    Quetschte mein Gefühl;

Aber als du kamst, da kam die Güte,
    Hügel, mit dir her,
Und die heisse Wunde im Gemüthe
    Fühlt' ich — kaum noch mehr.

Ach, so nimm das Opfer meiner Lieder,
    Das gen Himmel steigt;
Doch die Thränen stürzen strömend nieder —
    Und die Muse schweigt.

Auf den Tod
des
Generalmajors v. Scheeler,
(im Namen der Wittwe und Kinder.)
Den 26. Merz 1784.

Hier an Scheelers heiligen Gebeinen
 Sollst du jammern, banges Klaggedicht?
Blut kann ich herunter weinen;
 Aber singen kann ich nicht.

Wenn die Saiten von der Goldharf' springen;
 Wenn die Muse meine Zelle flieht; —
(Engel) sprecht: Wie kann ich singen
 Scheelers Todtenlied? —

       Hör'

Hör' ichs nicht, wie eine Wittwe jammert?
　　Seh' ich nicht, wie sie zur Leiche fliegt,
Und den Todensarg umklammert,
　　D'rinn ihr Scheeler liegt? —

„Ach! da liegt er! (Mit zerrißnem Herzen
　　Spricht's Luisa), der mir Alles ist! —"
Ihre Lippe lächelt Schmerzen;
　　Aber keine Thräne fließt.

„Fünf und zwanzig Lenze, o du Lieber!
　　Flossen mir an deiner Seite süß,
Wie ein Kryftallbach vorüber
　　Durch die Flur im Paradies;

Blumen dufteten an dem Gestade,
　　Jede Welle wälzte goldnen Sand:
Gab's auch Dornen auf dem Pfade,
　　Ach! so bot'st du mir die Hand.

Liebe, Liebe troff von deinem Munde,
　　Liebe, Liebe quoll aus deiner Brust;
Scheeler, ach! an jeder Stunde
　　Hieng des Himmels Lust.

Und nun liegt er, hingestürzt im Wetter,
    Wie die Tanne hingeblizt liegt er;
Aeste, Zweig, versengte Blätter
    Liegen um ihn her! —

In der Wittwe jammerndes Getöne
    Schreit der Waisen fürchterlicher Schmerz;
Glühend fällt die Zähr' der Söhne
    Auf des Vaters kaltes Herz.

Einen Vater sollen wir entbehren,
    Der uns liebte, mehr als väterlich? —
Ach! so stürzt ihr Waisenzähren;
    Und du, Gott! erbarme dich!

Doch, wer kann der Wittwe und der Waisen
    Klage singen in der Laute Klang?
Leiden, die die Brust zerreissen,
    Sind zu schwer für den Gesang.

Weine nur, Luisa, um den Gatten!
    Weint, ihr Waisen, um des Vaters Grab;
Voller Mitleid blickt sein Schatten
    Durch der Gräber Duft herab.

Weint um ihn, ihr edlen Seelen alle;
    Euer Freund und Vorbild ist nicht mehr.
Ach! er fiel — und von dem Falle
    Bebt die Veste weit umher.

Aber blickt auch durch die Thränenwolke
    Himmelauf, wo Scheelers Seele schwebt,
Und mit Gottes Geistervolke
    Tausend Leben lebt.

Zwar er starb, eh' unsre Lieb' es dachte;
    Plötzlich brach sein himmlischgutes Herz;
Aber er, der keine Schmerzen machte, —
    Starb auch ohne Schmerz.

Als er aufflog durch des Grabthals Nächte
    Eilten Engel jauchzend zu ihm hin —
Boten ihm die Strahlenrechte,
    Nannten Bruder ihn.

Ueberwunden hast du, überwunden,
    Scheeler! nun das Ungemach der Zeit;
Und aus des Erlösers Wunden
    Strahlt dir Himmelsseeligkeit.

Schon kniest du in jenen lichten Kreisen,
   Bethest mit gefaltner Hand am Thron
Für die Wittwe, für die Waisen;
   Der Erbarmer hört dich schon.

Jova spricht; und alle Himmel schweigen.
   "Ich, Verklärter, werde mich allein
Als der Gattin Helfer zeigen
   Und der Kinder Stüze seyn."

Vermischte Gedichte.
Drittes Buch.

Am Geburtstage
meiner Gattin.

Als du gebohren warst, als Gottes Licht
Zum erstenmal dein keusches Aug' geküßt,
Da mischtest du an deiner Mutter Brust
Die süsse Milch mit Thränen, die dir mehr
Als andern Säuglingen entquolen:
Denn ach! dein Engel stand am Eingang
In deines Lebens Dornbesäte Gänge
Und sprach prophetisch diese Worte:
　„Helena, in der Stunde deines Werdens
　Sah' ich im Heiligthum, von Wolkendunkel
　Dichtumflossen einen goldnen Becher,
　Gefüllt mit starkem Wein, durchbittert
　Mit Wermuth. — Ja, sie soll ihn trinken,
　Sprach weggewandt der Menschenvater,

Und ist er ausgeschlürft bis auf die Hefe,
Die trüb und schlammicht an des Bechers
Goldnem Boden gährt; so hohle sie! —
(Dich, Eliel, wähl' ich zu ihrem Engel.)
So hohle sie in Wolken süßen Schlummers
Herauf zu mir. Hier, diese Krone,
Mit meines Himmels hellsten Steinen
Besät — und dort dies Schneegewand,
So weiß im Lammesblut gewaschen,
Sei dann ihr Lohn! — Auch sproßt dort
    eine Palme
Für ihre Rechte, sie zu schwingen
Am gläsern Meer. — Der Menschenvater
    schwieg.
Ich flog herab und kühlte dir die Wange,
Noch glühend von den Schmerzen der Geburt."
O Dulderin, was hier der Engel sprach,
Ist bald erfüllt. Bald ist der lezte Tropfen
Hinabgeschlürft in deinem Leidenskelche.

Ach, mancher Tropfe fiel wie Feuer
Dir, Helena, aufs Herz. Doch keiner heißer,
Als da ein Todesengel mich mit eiserm Arm
Von deinem Busen riß, und mich
Ins Felsengrab verschloß — lebendigtod!

    Du

Du eine Wittwe — ich lebendigtod!!
Die vollen Halme meiner Mannesjahre
Zerknickt — im Hagelsturm zerknickt!
Da starrtest du — ein Denkmal des Entsezens! —
Und deine Kinder heulend um dich her.
So liegen abgerißne Zweige um den Baum,
Den Gottes Wetterstral geflügelt traf;
Auf dampft der Stamm, und Zweig und Wipfel
    dorren.
Ich aber lag in grauser Kerkernacht
Und meine Ketten klirrten fürchterlich.
Doch fürchterlicher war das Angstgebrüll'
Nach Freiheit! und nach dir!! und meinen Kindern!!!
Von Thränenblut und Angstschweiß faulte
Das Strohbett unter mir. Um meinen Felsen
Krächzten Raben, die Fäulniß witterten —
Auch zuckten Stürme; doch das Rasen meiner
    Klage
War lauter, als der Stürme Wuthgetümmel. —
— Doch, Mitternacht, bedecke diese Scene
Mit deinem Rabenmantel!

                      Aber du,
O Dulderin, getrost! Bald ist der lezte Tropfen
Hinabgeschlürft von deinem Leidenskelche.

                            Dann

Dann ist die Krone und das Schneegewand,
Dann ist die Palme dein!

         Indessen
Streck' ich hier in meinem Kerkergrabe
Den müden Arm nach deiner Luftgestalt
Und danke dir an deinem Wiegenfeste,
Für jede Thräne, die dir meinetwegen floß!
Für jede Wohlthat, die von deinen Händen
Wie Goldthau von Aurorens Fingern trof!
Für jedes Angedenken an mich Armen,
Das deine Brust, so weiblichgut, durchschaurt!
Für jeden Seufzer! jedes Gluthgebeth,
Das du für mich gen Himmel schicktest,
Wenn du dem Berge meines Jammers
Gegenüber knietest und Gott um Lösung batst!
Für jeden Dornengang, den du für mich,
Für meine Rettung hast umsonst gewagt!
Für jedes Schmachten deines treuen Herzens
Nach mir! nach mir! der immer noch
Am Felsen angeschmiedet ächzt,
Von Geiern tiefen Grams zerfleischt,
Und vom Gewimmel stachlichter Sorgen
Gleich Hornissen und Bremsen laut umsummt!
Für jedes Mitleid, das in blutgen Tropfen

           An

An deinen Wimpern hieng, dank ich, Geliebte,
dir!

Auch dank ich dir, daß du auf deiner Waage
Das Gute nur, das mir vom Ebenbild
Der Gottheit übrig blieb, voll Nachsicht wägst,
Und am Gewichte meiner Fehler
Nie mit dem sanften Auge weilst!! —
Ach Dulderin! ach Christin! Weib
Nach meinem Herzen! Du Sanfte, deren Blut
Wie Taubenblut in blauen Adern fließt!
Du Bild der Demuth, das in stolzen Reihen
Der aufgeschwollnen Trozer niederblickt! —
Nur ihre Schwäche fühlt, und nicht den Werth
Der hohen Tugend, die den Engeln
Dich ähnlich macht! — wie dank ich dir!!
  Ach schwarz und blutig stürzt die Thräne
  Mir ohne Unterlaß von bleicher Wange,
  Denn ich — ich habe in öder Mitternacht
  Das Donnerwort gehört: Nicht würdig
  Warst du solch eines Weibes! — ach darum
  Stürzt schwarz und blutig mir die Thräne
  Ohn' Unterlaß von bleicher Wange. —
O Gott, zu dem ich strecke meine Hand,
Lohn' ihr der besten Gattin! und der Mutter

Voll Muttertreu! der Dulderin! der Christin!
All' ihre Lieb'! all' ihre Muttertreu!
All' ihre Sanftmuth, Demuth und Geduld,
Die lange schon den zarten Hals, der Wucht
So langer, schwerer Leiden unterbeugt! —
Lohns ihr, du Allbelohner, wie du ihr's
Am Tage ihres Seyns verheissen hast,
Mit Kron' und Schneegewand und Palme!
Und füll' ihr dann den goldnen Becher
Mit Freuden an, daß sie von deinem Auge
Angelächelt, schlürf' aus ihm Entzücken.
Dann trocknest du die Thränen von dem Auge
Der Langgeprüften! — Dann — o Vater, darf
       ichs wagen,
Ihr dann vor deinem Angesicht zu fallen
Um ihren Hals, und lange dran zu weinen,
Des Wiedersehens Paradisesthräne,
Und spät erst herzustammeln diesen Seegen:
„Helena, ewig mein! — Nun bist du ewig mein!"

An meinen Sohn
am Ludwigstage.

Ludwig, du Sohn meines Herzens,
Als dein Tag röthlich heraufstieg,
Und die Stäbe meines Gitters küßte:
Da weint' ich gen Himmel: o Väter,
Ueber alles, was Kinder heißt,
Im Himmel und auf Erden;
Auch ich bin Vater,
Hab' einen blühenden Sohn!
Hab' eine blühende Tochter! —
Ach! — ein armer Vater bin ich!
Dann ferne thatest du mich von meinen Lieben;
Du winktest mit eisernem Arme
Mir ins Gefängniß: ich folgte,
Ohne mit der Zähre des Abschieds
Zu nezen die Wange der Kinder!

Zu nezen die bleichere Wange
Der Mutter meiner Kinder! —
Ach, nun sind schon viele — viele Jammermonde
Am Rostzerfreßnen Gitter meines Kerkers
Mit schwerem, nächtlichen Fluge vorübergeflogen,
Und noch streck' ich die Vaterarme
Vergeblich aus nach dem Sohn meines Herzens,
Vergeblich nach der Tochter meines Herzens.
Im Kleide des Waisenknaben
Steht mein Sohn vor mir: — Im Schleier
Des verwaißten Mädchens meine Tochter —
Zwei Bilder aus Duft gewebt,
Die sich bewegen im Hauche meiner Seufzer,
Und zerfliessen vor dem ausgebreiteten Arme! —

„Ach, ich muß seyn, wie einer,
Der seiner Kinder beraubt ist.
Ich werde mit Herzleid fahren
Hinunter in die Grube,
Eh' ich seh, Ludwig, meinen Sohn!
Juliana, meine Tochter!"

Vergib mir's, o du aller Väterlichkeit,
Aller Mütterlichkeit Urquell,

Wenn

Wenn ich in der Nacht meines Kerkergewölbes
Einsam steh' und weine!
Auch du bist Vater!
Und liessest fallen eine Zähre,
Daß die Sonne erlosch,
Als dein Sohn, Jesus,
Herunterhieng am blutigen Creuze! —
Ach, drum vergieb mir, du Bilder
Des Vaterherzens. — o du!!
Der den Silberquell der Mutterbrust
Ströhmen hieß! — Vergieb mir,
Wenn ich in der Nacht meines Kerkergewölbes
Einsam steh' und weine! —
Ach, laß mich dir danken mit diesen Thränen,
Daß du mir einen Sohn gabst,
Daß du ihn beträuftest
Mit des wiedergebährenden Baades
Heiligem Wasser; daß du ihn schüztest,
Als der nahe Tod giftige Blattern
Wie Ruß auf seinen Körper streute;
Ihm halfest, wenn der Wurm
Sein Eingeweid zerwühlte;
Ihn mit luftigem Flügel kühltest,
Als das Fieber ihn verzehren wollte
In sengender Flamme;

Ihn zogest aus der verschlingenden Donau,
Als er schon zuckte in ihrem schwarzen Rachen:
Ach! — daß du ihm gabst einen Vater,
Als deine erbarmende Zucht mich entriß
Dem Strudel der Welt, und mich verbarg
In des Kerkers büssende Kluft.

Meiner Julie.

O Julie, mein Ebenbild,
Nur sanfter noch, und nicht so wild;
   An jeder Engelanmuth reich,
   An Großgefühl dem Vater gleich.

O Julie, bedaure mich;
Denn ach! wie schwer entbehr' ich dich!
   Dem Lämmlein gleich hüpfst du nicht mehr
   Um deinen armen Vater her.

Du hemmst nicht mehr mit deinem Kuß
Der Thränen mächtigen Erguß,
   Und scheuchst mit deinem Lächlen nicht,
   Den Gram von meinem Angesicht.

O Julie, wann kommt die Zeit,
Daß ich mit Vaterzärtlichkeit
   Erst an mein Herz dich drücken kann?
   Ich armer, ich gefangner Mann.

Wann

Wann lenk' ich deiner Stimme Ton
Am Goldbezognen Pantalon,
  Und lehre dich mit Saitenklang
  Den deutschen herzlichen Gesang?

Der Welsche girrt, der Franzmann eilt
Durchs Labirinth der Tön' und heult,
  Der Deutsche aber fühlt und singt,
  Daß sein Gesang das Herz durchdringt.

O Julie, wann kommt die Zeit,
Daß ich mit Vaterzärtlichkeit
  Erst an mein Herz dich drücken kann?
  — Ich armer, ich gefangner Mann!

Schlachtgesang
eines Rußischen Grenadiers nach der Schlacht bey Chozim.

Auf, Brüder! stürmt Viktoria
    In Erz und Trommelklang;
Wild, wie ein Sturm aus Adria,
    So brause mein Gesang!

Viktoria, der Barbar flieht!
    Verfolgt von Tod und Schmach;
Ihm eile unser Siegeslied
    Im Pulverdonner nach!

Schwarz, wie ein Wetterwolkenzug,
    Der schon von ferne droht,
Zog Stambuls Heer einher, und trug
    Auf seiner Stirne Tod.

Es schwung der Janitschar mit Hohn
    Des scharfen Säbels Bliz,
Und furchtbar laurte Donnerton
    Im drohenden Geschüz.

Der Spahi knirschte Wuth und Tod
    Sein Roßschweif — schrecklicher
Als ein Kometenschweif — er droht
    Vor seinem Bassa her.

Es rollt die Fahne! — Ha, wie blizt
    Des Mondes Zwillingshorn!
Gott Mahomed trägt sie erhizt,
    Und schüttelt sie im Zorn.

Er spricht: „Vom Reich der Schatten seht!
    Kommt euer Schuzgeist her;
Und bringt euch Wuth und Tod — da steht
    Der Christenhunde Heer!

Schluckt durstig eine rothe Fluth
    Aus ihren Adern ein;
Für jeden Tropfen Opferblut
    Fließt euch dort Götterwein.

Die Huris schaut auf den herab,
  Der im Getümmel fällt,
Und trocknet seine Wunde ab
  In einer andern Welt."

Gott Mahomed schwieg. — Schwefeldampf,
  Hüllt seinen Schatten ein,
Nun stürzt der Türke in den Kampf
  Mit Höllenwuth hinein.

Fest aber stand der Grenadier,
  Und Stambul prellte ab,
Wie Sina's Mauer standen wir: —
  Und Stambul prellte ab.

Allah! — Noch einmal fürchterlich
  Stürzt auf uns an ihr Heer;
Jedoch die Stürme brechen sich
  An Felsen in dem Meer.

Ha, welcher Donner! welcher Mord
  Würgt jezo weit und breit!
Wie plözlich hat ein Sturm aus Nord
  Den Sturm aus Ost zerstreut!

Auf Türkenschädeln giengen wir
 Vor Chozims Mauren hin,
Und würgten voller Mordbegier
 Die Saracenen hin.

Wir speyten, — jeder ein Vesuv,
 Auf Türken Flamm' und Tod;
Hirn klebte an der Pferde Huf,
 Und Schwerdter waren roth.

Der Rumpf des grosen Körpers liegt
 Nackt ausgestreckt im Gras,
Der Geier riecht den Stank und fliegt
 Herab aufs todte Aas.

Auf Chozims Mauren traten wir
 In unserm Siegeslauf,
Von schwarzen Trümmern lodern hier
 Blutrothe Flammen auf!

O Mustapha, wie jämmerlich
 Muß dir's ums Herze seyn!
Du raufst den Bart und schliessest dich
 Mit deinen Weibern ein.

Ihr

Ihr Brüder seht — die Memme liegt
 An Weiberbusen da! —
Hat Katharina dich besiegt,
 Du alter Mustapha?

Wir trinken in der Wallachey
 Nun süssen Türkenwein,
Und werden bald mit Siegsgeschrey
 Vor Bizanz Pforte seyn.

Der Wolf und der Hund.

Zum Hunde, der schon manche Nacht
An seiner Kette zugebracht,
Und, wenn der Morgenstern am grauen Himmel
hieng,
Aufs Gay mit seinem Mezger gieng,
Sprach einstens Isegrim: Ei Bruder, wie so mager!
Wie elend siehst du aus! wie schäbich und wie mager!
Daurst mich, bist gar ein armer Hund.
Sieh mich 'mal an! wie frisch und wie gesund
Ich bin! — Ich rieche nach der Luft.
Mein Balg ist parfumirt mit mancher Staude Duft.
Ich hab' dir immer guten Fras,
Bald frisches Fleisch, bald fettes Aas.
Drauf leck' ich klaren Quell und traun!
Ich hab' dir immer gute Laun.

Du aber — Ach, versezte Melak, ach,
Herr Bruder, nur gemach.

Drum

Drum bist du Wolf, ich Hund! Du frey;
Ich aber in der Sklaverey.

Und die Moral? O die ist jedermann bekannt,
In Deutschland und in Engelland.

Der Hahn und der Adler.
Eine Fabel ohne Moral.

Ein Fürst war einem Hahnen hold. —
„Warum nicht gar! Was? einem Hahnen?"
Ja, ja, er liebt' ihn mehr, als seine Unterthanen.
Sein Kamm war Purpur, seine Federn Gold.
Dumm war er zwar; jedoch sein Kikriki
Galt an dem Hofe für Genie.
Kein Höfling durfte sich erdreusten
Dem Hahnen was zu thun. Ihn speißten
Prinzeßinnen mit eigner Hand,
Und schmückten seinen Hals mit einem goldnen Band.
Der Hofmann ehrte ihn, der oft für Neid erstickte,
Wenn sich die Dame niederbückte,
Und dann der Hahn den Marmorarm bepickte.
    An einem Morgen flog der Hahn
    Hinab in Garten, schlug die Flügel
    Und krähete von einem Rasenhügel
    Den goldnen Morgen an.

Ein Adler flog vorbey. Der stolze Haushahn schrie
In seiner schmetternden Trompetenmelodie:
Wohin, Herr Bruder! schon so früh? —
  Quälst du dich noch mit Sonnenflug?
  Zu deinem Glück ist's schon genug
  An einem Hahnenflügelschlage. —
  Komm und genieße goldne Tage! —
  Die Könige bewundern dich,
  Dich speisen Fürstinnen mit hoher Hand, wie
        mich,
  Was willst du dich mit Donnerkeulen plagen?
  Kann Zevs sie dann nicht selber tragen? —

Schweig, sprach mit einem ernsten Blicke
Der Sonnenflieger zu dem Hahn,
Ich fliege zu der Wolkenbahn;
Du aber bleibst im Staub zurücke.
Ein Schwäzer, leer, wie du, ist's werth,
Daß ihn der goldne Höfling ehrt.
Ihr Beifall und ein Band ziemt deinem Hahnen-
     wize;
  Ich aber fliege zu dem Size
  Des Donnerers, und trage Blize,
  Und der Olympos sieht mich lächelnd an,
  Selbst Vater Zevs, der donnern kann,

U 5   Giebt

Giebt mir zum Lohne väterliche Blicke,
Dann eil' ich stolz zum Felsenneſt zurücke.
Und Teuts erhabnes Bardenchor
Singt aus dem Eichenhain zu meinem Fels empor.
  Vor trunkner Wolluſt ſchlummr' ich hin,
  Und fühl's — daß ich ein Adler bin.

 Die Muſe der Geſchichte ſpricht:
 In Caſſel gilt die ganze Fabel nicht.

Der sterbende Indianer
an seinen Sohn *).

Ich sterbe, Sohn! Nimm diesen Kranz;
Von Christenhaaren flocht' ich ihn;
Statt Diamanten spielen drinn
Erschlagner Christen Zähne. Sohn,
Ich sterbe arm; der Christen Geiz
Ließ mir dies Stroh, worauf ich sterbe,
Und dort den Bogen — Ha, den Pfeil,
Der singt und fliegt und trift und tödtet! —
O Sohn, sieh deinen Vater an,
Und schwöre mir, ihm gleich zu seyn!
Sei kalt, und keck, und frey, und gut,
Und hasse den, der seinen Gott
Entehrt! — Dort unter jenem Baum
Ist ein Altar, dort bethe an!

*) Nach dem Englischen.

Des Cocusbaumes Wipfel säuselt
Dein Flehn zum Vater der Natur
Dem Himmel vor! — Ich sterbe gerne;
Nun wirft kein Sturm den Fischerkahn
Auf hohen Woogen hin und her.
Ein ew'ger Frühling blühet dort.
Mein Weib — ach, deine Mutter reicht
Auf goldner Schaal' mir Ananas.
Aus Christenschädeln trink ich dort
Der Götter Wein! — O Sachuset,
Der grose Kapak winkt mir schon! —
Leg' deine Hand auf meine Brust,
Und schwöre mir! — Begrabe mich,
Wo deine Mutter liegt! — Leb wohl!

Jupiter.

Jupiter.
Eine Antike.

Endlich war Jupiter müde, das ewige Gewim̃er der unterdrückten Tugend, und den Triumphton des Lasters zu hören. Dreymal schüttelte er sein Haupt; die ambrosischen Locken flogen um seinen Nacken, und der Olympos bebte. Ich werde die Erde strafen, sagte Zevs, und stand vom Thron' auf, daß die goldnen Stufen erklangen. Komm, Donnertragender Adler, und folge mir! Er folgte. Schon stand Jupiter auf einer Wetterwolke, und schaute herab auf die Erde. Blize zukten aus seiner hohen Rechte. Aber, als er sah die Thoren im Fürstensaale, in den Pagoden und in den Hütten; sah, daß mehr Schwachheit, als Bosheit, mehr Irrthümer, als Laster, mehr Thyranney des Herkommens, als eigne boshafte Grundsäze auf der Welt wären; als er noch Weise bei der nächtlichen

Lamp'

Lamp' erblikte, die die Welt lehrten, und —
hungerten; als er die Mine des Dulders sah, der
mit dem Elende des Lebens beladen, noch Gott
pries: — da wandt' er sein Antliz, die Blize ent=
sanken der hohen Rechte, und eine Thräne fiel herab
ins Meer. Thetis faßte sie in einer Muschel auf,
und die Thräne ward zur Perle. Wenn Zevs nun
zürnen will, und Wetterwolken sich um ihn samm=
len; so strekt Thetis ihre Hände mit der Perlenmu=
schel gen Himmel. Dann lächelt Jupiter, und
unter ihm neigt sich der Bogen des Friedens.

Frühlingslied eines Greisen.

Hier in diesem Paradiese
    Find' ich bald — ach bald mein Grab;
Alt bin ich, und meine Füße
    Stüzt schon dieser Dornenstab.

Aus der schönen Welt zu scheiden,
    Guter Gott, das fällt mir schwer,
Zwar erlebt' ich manches Leiden,
    Aber doch der Freuden mehr.

Athme deine Balsamdüfte
    Mir zum leztenmal, Natur.
Spielt, ihr warmen Frühlingsdüfte,
    Mit den Silberlocken nur!

Bald werd' ich die grünen Haine
    Und die Hecken nimmer sehn! —
Gott vergieb mirs, wenn ich weine;
    Denn die Welt ist gar zu schön.

Nachtigallen im Gesträuche,
 Lerchen in der blauen Luft,
Singt nur, singt mir halben Leiche
 Todtenlieder in die Gruft.

Doch ich schlafe! — Deine Güte
 Ist's, du guter Frühling, du! —
Decke mich mit Apfelblühte
 In dem sanften Schlummer zu.

Der Wanderer und Pegasus.

W. Du, Flügelpferd, wo trabst du her
Mit unbeschlagnen Hufen?

P. Ein Deutscher hat mich übers Meer
Zu sich ins Haus gerufen.

W. Allein in London, Rom, Athen
Hast du viel besser ausgesehn;
Dir muß der Haber fehlen?

P. Mein deutscher Herr hat selbst kein Brod;
Drum läßt er in der Hungersnoth
Mir oft den Haber fehlen.

Der gute Haushalter.

Zum reichen Dauß sprach einst ein weiser Mann:
Herr Nachbar, sieh doch deine Kinder an.
Ein dummer Kerl, der selbst nichts kann,
Giebt ihnen Unterricht;
Und ach! die Armen lernen nicht
Des Bürgers und des Christen Pflicht. —
Kaltsinnig sprach der Nachbar Dauß:
Das Ding — es giebt sich schon — Herr Bruder! —
Wo Teufels steckt der Knecht im Haus?
Und giebt den Ochsen Futer;
Legt frische Streu und striegelt sie! —
Mein Seel! mich daurt das arme Vieh!!

Der Patriot und der Weltbürger.

„Wie lieb ich dich, mein Vaterland,
Wo ich den ersten Athem zog,
Und frische Lüfte athmete;
Wie lieb ich dich! wie lieb ich dich!"
 So sprach ein deutscher Bidermann,
Und Thränen flossen vom Gesicht.
(Oft weint' ich in der Mitternacht
Auch solche Thränen; Gott, du weißt's!)

Ihn hört' ein Weltmann, kalt, wie Schnee,
Nahm Schnupftobak und lächelte;
Was Vaterland? — Haha, ha, ha!
Mir ist, weil ich weit klüger bin,
Die ganze Welt mein Vaterland.
Wo für mich Brod und Ehre ist,
Da ist mein Vaterland! — Der Deutsche
Sprach bidermännisch, keck und kalt:

So schlägst du mit geballter Faust
Die eigne Mutter, die dich tränkte,
Ins Angesicht? — Undankbarer!
Hat jene Dirne dich gesäugt,
Der du die geilen Lippen küssest? —
Fleuch hin zur Krippe, draus du frißt,
Und nenne sie dein Vaterland.

Türkengesang.

Hinaus! hinaus ins offne Feld!
    Allah! allah!
Denn Vater Achmet, unser Held,
    Ist da! ist da!

In uns braußt Sarazenenblut
    Wie vor! wie vor!
Denn in Gefahren schwillt der Muth
    Empor! empor!

Du Janitschar, noch trift es noch
    Dein Schwerdt! dein Schwerdt!
Der Spahi schwingt sich leicht und hoch
    Aufs Pferd! aufs Pferd!

Wer ruft dort, wie der Donnergott:
   Geschüz! Geschüz!
Ha! dort gebietet unser Tott
   Im Bliz! im Bliz!

Der Russe stürzt dahin, und trinkt
   Sein Blut! sein Blut!
Wo Machmuts Fahne weht, da sinkt
   Der Muth! der Muth!

Es zaudert Bassa Romanzof,
   Nicht wir! nicht wir!
Wir donnern dort bey Oczakof,
   Wie hier! wie hier!

Stürz' immer, Janitschar, in Sand
   Voll Blut! voll Blut!
Denn ach! der Tod fürs Vaterland
   Ist gut! ist gut!

Dir ist der Muselmänner Lohn
   Gewiß! gewiß!
Die Huris winkt, und küßt dich schon!
   Wie süß! wie süß!

Das Becken klingt! der Trommel Ton
　　Erschallt! erschallt!
Mein ganzes Blut empört sich schon
　　Und wallt! und wallt!

Auf, Brüder, Sommerzeit ist da!
　　Der Held, der Held,
Geht vor uns her! — Allah! allah!
　　Ins Feld! ins Feld!

Das Glück der Empfindsamen.

Weg, Plutus, mit der goldnen Gabe!
Bin ich nicht reich genug? Ich habe
  Ein Herze voll Gefühl.
Da nimm dein Gold! und gib's den Reichen
Die steinernen Kolossen gleichen!
  Ich habe schon zu viel.

Ein Frühlingstag, ein Sommermorgen
Zerstreuet alle meine Sorgen.
  Es darf die Lerche nur
Hoch in den blauen Lüften trillern;
So wandl' ich froher in der stillern
  Mit Thau bedeckten Flur.

Gedrückt vom widrigen Geschicke,
Verlaß ich Stadtgetös, und pflücke
   Ein Blümchen auf der Au.
Fällt auch ein Zährchen hin und wieder
Aufs weiße Wiesenblümchen nieder;
   So denk' ich, es sei Thau.

Oft spiel' ich klagend auf dem Flügel,
Wenn Luna glänzt. Von Sions Hügel
   Kömmt Göttin Harmonie,
Und haucht Begeistrung in die Finger,
Und jenes Lebens Trost. — Geringer
   Wird dann der Schmerz durch sie.

Jüngst wünscht' ich mir den Tod! Da lauschte
Mein Mädchen in dem Busch' und rauschte
   Hervor im Sonnenhut;
Gleich seufzt' ich nimmer um mein Ende;
Denn ach, sie drückte mir die Hände;
   Und sprach: Ich bin dir gut.

Wenn Arme an den Dornenstäben
Gekrümmt vor meiner Hütte beben;
   Da klopft mir zwar die Brust:
Doch, wenn ich eine kleine Gabe
Bey eigner Armuth übrig habe;
   So fühl' ich Engelluft.

Ich wohne gern in meiner Hütte.
Gewähre mir nur eine Bitte,
   Wohlthätige Natur!
Nie will ich mich der Armuth schämen;
Du darfst mir alles, alles nehmen,
   Mein Herze laß mir nur!

An Guibal.

O Guibal! der mit Wasser oder Oel,
So groß, wie Mengs und Raphael,
Bald Menschen, bald den Himmel malt,
Der dort *Lauf CARLN herunterstrahlt;
Du wandelst auf der Spuhr
Der richtig zeichnenden Natur;
Drum komm und male mir
Dies Engelantliz hier;
Die Stirne, wo die Tugend sizt
Und Haß auf jedes Laster blizt;
Den Himmel ihrer Augen — nein!
Willst du die Augen maken;
So tauch' in Sonnenstralen
Zuvor den Pinsel ein.
Dann nimm Aurorens Kolorit
Und male mir wie Titian damit
Der Lippen Purpur, ihre Wangen,
Wo tausend Amoretten hangen.

*) Auf der Solitute.

Vergiß mir nicht die wallende Locken,
Die zart, wie seidne Flocken,
Um Amors Schultern hangen.
Wähl Hogarths feinste Schlangen-
Und Wellenlinien.
Dem schlanken Wuchs, der Glieder Harmonien
Mit sichtem Pinsel nachzuziehn.
Nimm Schnee mit Blut getuscht und male mir
       die Brust,
Den Thron der Liebe und der Lust.
Mal' ihre Arme rund und ohne Mängel,
Die Hände weiß und wollenweich,
Die Finger zart, wie Lilienstengel —
Kurz, male sie dem Ideale gleich,
Woran Apell, der Griechen Guibal, starb,
Und sich im Götterreich Unsterblichkeit erwarb.
Doch, armer Maler, ihren Geist,
Ihr göttlich Herz zu malen,
Das von Empfindung überfleußt;
Dies Herz mit allen Idealen
Und grosen Zügen — dies zu malen,
Entsinkt der Pinsel dir,
Und ach — die Feder mir!

Yorik.

Als Yorik starb, da flog
Sein Seelchen auf gen Himmel,
So leicht, wie ein Seufzerchen
Der Liebe Himmelan fliegt.
Es standen schon in goldnen Kreisen
Die Engelein um ihn herum.
Auf ihren Wangen glänzte
Des himmlischen Lächelns Morgenroth.
„Komm doch, du sanftes Seelchen du,
Erzähl' uns! bringst du gute Bothschaft?
Und Yoriks Seele hauchte: Ach,
Dort unten ließ ich meine Brüder
Im Staub zurück. O säht ihr sie
Erziehungslos und ohne Führer

In Büschen wandeln, wo die Hyder,
Die Sünde zischt. Wie sie sich mühen,
Die Schlange zu zerreissen,
Die sie umflicht! — Es fällt
Der Jugend Blume — ach! vom Sturm gebrochen! —

Es schlägt der graue Sünder
Verzweiflungsvoll an Schädel, daß es hallt!
Und Ate schüttelt Seuch und Tod herab.
Sie röcheln, sehn mit wildverzückten Mienen
Gen Himmel. — Ach, dann strecken ihre Glieder
Sich fürchterlich dem Tode aus.
Die Decke ihres Sarges breitet
Graunvolle Nacht und Stille übern Leichnam.
Es poltert hinab der Sarg;
Die Stricke schnellen unter ihm hinweg.
Und Schädel, und Gebein, und Staub
Fällt von der Schauffel dumpf hinab.
Der Freundschaft und der Liebe Thränen
Rieseln in den Sand; hinabgebückt
Erschallt der Heulenden entsezenvolle Klage:
„O Vater, Mutter, Bruder,
O Freund, Geliebte, gute Nacht! —
Sie aber liegen stumm
Und fühllos, wenn der Wurm

Zu ihrer Leiche kriecht.
Und Yorick schwieg. — Es weinten
Die Engelein; und ihre Thränen fielen
Im Morgenduft herab, und zitterten
Wie Thau, auf junge Palmen
Und halb offne Veilchen,
Die dem Schooße
Des werdenden Frühlings entstiegen.

Der Rückfall.

Weg, o Liebe, mit dem Zauberbecher!
  Circe, weg, ich trinke nicht!
Weg von mir, du Flatterer, du Frecher!
  Amor mit dem Puppenangesicht,
Geht zum Jüngling, der dort um der Traube
  Mostbeträufte Berge irrt,
Und nach einer Lais, wie die Taube
  Nach dem Tauber girrt.
Grazien und Amoretten,
  Locket mich nicht mehr!
Flechtet eure Blumenketten
  Um den Süßling her,
Der mit Spielwerk aus Paris beladen,
  Dorten pfeift und spielt,
Und nach seinen Waden
  Beyfalllächlend schielt.

Denn

Denn hier ſiz' ich, wo, genähret von Oele,
  Dieſes blaue Flämmchen zückt;
Wo mit Ernſt und Staunen meine Seele
  Auf ſich ſelber niederblickt.
Aller Weiſen fromme Lehren ſchweben,
  Eingehüllt in Bildern um mich her;
Tauſend Stimmen hör' ich um mich beben:
  Guter Mann, ſo liebe doch nicht mehr!
Fahr' empor! gen Himmel fahre!
  Er allein iſt deiner Liebe werth;
Warte nicht, bis Wolluſt deiner Jahre
  Feuer aufgezehrt. —

Ich will es thun! ſo ſprach ich und die Saiten
  Des hohen Flügels halltens nach;
Die Geiſterchen, die mich umſchwebten, freuten
  Sich hörbar, als ichs ſprach.
Doch, Himmel ach! wie ſchnell bin ich gefallen! —
  Du Zauberin, was willſt du dann von mir?
Ich ſeh' ſie wohl, die goldnen Locken, wallen!
  Ich ſeh' ſie wohl, die blauen Augen, hier!
Was ſchauſt du unterm hochgethürmten Hute
  Wollüſtigſchön, o Zauberin, hervor?
Laß mich — ſchon ſtürmt in meinem Blute
  Der Liebe Flamm' empor! —

Ich seh' es wohl das Schlängelchen am Munde,
　　Das sich zum Lächeln krümmt;
Und — ach! in einer finstern Stunde
　　Euch Geisterchen des Weisen überstimmt. —
Ich sinke schon an ihre Brust: — O blicke
　　Mich nicht so schmachtend an! —
Dank dir, Natur, daß ich dein Meisterstücke
　　Mit diesem Arm umfassen kann! —
Wer lacht da? Ha! 's ist Amor und die Liebes=
　　　　　　　　götter,
　　Umtanzt von Grazien;
Hör' doch, o Minna, was er sagt, der Spötter:
　　Was machen deine Geisterchen? —

Die Freyheit.
Ein Mährchen.

Die Göttin Freyheit hat im Olymp ihren eigenen Thron. Warum, sagte sie einmal, und stand von ihrem Thron' auf, warum steigen die Opferwolken von der Unterwelt so sparsam zu mir empor? Hab' ich keine Altäre mehr, wie ehmals in Karthago, Griechenland, Rom, und in den Eichenhainen der alten Germanen? — Ich will zur Erde hinab, und meine Altäre selbst aufsuchen. Begleite mich, Schwester Gerechtigkeit, und du, Schwester Tugend. Sie flammten wie Morgenröthen herunter. Erst besuchten sie die Höfe der Grossen, suchten Tempel und Altäre, und fanden keinen. Der Pöbel wieherte zwar nach Freyheit; aber sie meinten nicht diese liebenswürdige Göttin, von ihren sanften Schwestern vertraulich begleitet, sondern Zügellosigkeit

meinten sie, die mit zerstreuten Haaren und wilder
Gebehrde im Gefolge der Laster durch die Straßen
lärmt. An den Höfen fanden sie meistens Pago=
denköpfe, die die Göttin kaum dem Namen nach
kannten. Zwar hätte sie, wegen ihrer himmlischen
Schöne, hier und da als Kind der Freude ihr Glück
machen können; aber sie blieb ihrer unbefleckten Gott=
heit getreu. Sie begab sich also in die sogenannten
freyen Staaten. Partheigeist — Ansehen einzelner
Familien — niedergedrückte Rechte der Menschheit
— Braminengift — Seitdem vernimmt man, daß
sich die Göttin in Columbus Welt niedergelassen.

Etwas aus dem Thierreich.
Eine pädagogische Fabel.

Die Füchse zeichneten sich 'nmal im Thierreiche durch Verschlagenheit und Einsicht so aus, daß ihnen durch einen allgemeinen Reichsschluß die Erziehung der Jugend anvertraut wurde. Aber sie waren so schlau, daß sie ihre Zöglinge nichts als Worte ohne Verstand lehrten; dadurch erhielten sie eine Art von Oberherrschaft über's ganze Thierreich. Ein alter Pavian sah' dies mit Unwillen, trat in einer Thierversammlung auf, und sagte: Schämt euch der Fesseln, die euch die Füchse anlegen, und streift sie ab! Sie tyrannisiren euch durch ihre Schlauheit, und bilden einen Staat im Staate. Mir, mir folgt! Ich will euch unterrichten! Ich will euch zeigen, daß die Weisheit kein Monopolium habe. Ich, ich! — Das ganze Thierreich brüllte dem Pavian Beyfall zu, und jagte die Füchse aus dem Land. Und nun war der Pavian der allgemeine Pädagog aller Thiere. Seine Meinungen, seine Lehren galten allein, waren allein weise. Ein Uhu sah' dem Unfug aus einer Felsenblende zu, und sagte: O ihr Narren! Erst war't ihr Sklaven aller Füchse, und nun seyd ihr Knechte eines Einzigen Affen.

Der erste Schnee.

Da tanzen sie, die weissen krausen Flöckchen,
    Vom Wolkenzelt herab;
Und sanft und warm, wie Lämmerwolle,
    Decken sie dich, du Mutter Natur!

So weiß ist nicht der Nonne Silberschleier,
    Schleeblühte nicht so weiß:
Wie junger Schnee im Sonnenglanze,
    Thäler und Berge blizen von ihm.

Schon schüttelt sich der Gaul am leichten Schlitten, —
    Sein Schütteln ist Musik.
Und unterm Lied der Silberschellen
    Glitschet der Schlitten fliegend hinweg.

Ich aber sitze am beschneyten Fenster;
  Ein blaues Knasterwölkchen steigt,
Mit tausend Luftgebauten Schlössern,
  Dünnere Lüfte zirkelnd empor.

Und Röschens Hand schlüpft unter meinen Schlaf-
      rock —
  Husch! schnattert sie, mich frierts!
Sanft lehnt sie sich an meine Schultern,
  Leben und Wärme duftet sie aus.

Durchs Winterfenster schlüpft ein weisses Flöckchen,
  Und fällt auf ihre Brust,
Bläht sich und schmilzt mit einem Seufzer:
  Röschen, dein Busen ist weisser, als ich!

Du, kalter Nord, behalte deine Zobel!
  Kaninchen, deinen Pelz
Behalte du! Von Röschens Busen
  Wallet ein ewiger Sommer mir zu.

An

An Chronos.
Im May.

Wie die Engel durch die Himmel fliegen,
  Fliegst du, Chronos, durch die Frühlingsluft;
Um die Stirne flattert wonniglich Vergnügen; —
  Deine Locken thauen süssen Duft.

Weile, Chronos, einen ganzen Himmel
  Wohlgerüche schickt dir die Natur.
Deiner Kinder buntes, schwärmendes Gewimmel
  Sonnt und wälzt sich auf der jungen Flur.

Nachtigallen mit der sanften Seele
  Flöten dir ein Frühlingsliedchen für!
Schwalben zwitschern mit der kleinen Kehle!
  Braune Lerchen hangen über dir!

Milch, wie Nektar, sprizt für dich das volle
  Euter — ins krystallne Glas hinein: —
Weile doch, o Chronos, zarte Lämmerwolle
  Weiß gewaschen, soll dein Lager seyn.

Deinen Schlummer fördern Schäferlieder,
   Und das Murmeln der wohlthätgen Blau;
Mayenblüthen tanzen auf dich nieder,
   Und ein Mädchen, blühend, wie die Au

Beißt ins Fingerchen, und auf den Zehen
   Schleicht sie hin zu dir und bücket sich,
Um den grosen Schlummernden zu sehen,
   Mit dem Silberbarte! — Ha, sie küsset dich!

Weile, Chronos, weile doch, du Lieber!
   Zeig' uns doch dein wonnesam Gesicht!
Doch du eilst in Frühlingsduft vorüber,
   Wie in Stürmen — und du weilest nicht!

Ach, so nimm mich mit auf deinen Wagen,
   Nimm mein Mädchen mit; denn ohne sie
Fänd' ich dort in ew'gen Sommertagen,
   Meinen Frühling, meinen Himmel nie!

An Lucia.

Ein Mayenkäferlein
Mit bräunlichrothen Flügelein,
Schwam in Frühlingsluft
Und sumst' im Blühtenduft. —
Da kam ein gräulichter Spaz,
Und pickte 's arme Käferlein
Siegschreiend zu tode. —
Lucia, so webtest du 'nmal
In des Frühlings Wollüsten;
Und Kirschenblühte tanzt'
Auf deinen wallenden Brüsten:
Aber dein Räuber Cloon
Raubt' dir die Unschuld: —
Hohnlachend spottet er deiner, —
Die Mayenblümlein hangen verwelkt
An deinem Busen,
Den heiße Seufzer heben,
Und ach! der Frühling ist nun für dich
Auf ewig! — (stirb nur, Lucia!)
Tod! — tod! — tod! —

An Zilla.

Wie der Frühling lächelt!
    Wie der junge West
Den erhizten Schäfer fächelt,
    In die Busenrose seines Mädchens bläst!
Wie die Regenbogenschaale
    Siebenfarbig glänzt!
Wie im nahen Thale
    Ein Olympus glänzt!
Wie der Frühling in dem stillern
    Sturmbefreyten Aether schwebt!
Wie die Nachtigall mit Trillern
    Weiße Blühten hebt!
Ach, wie lieblichblühend ist die Flur!
    Wie elysisch die Natur!

Doch

Doch ich fühle keinen Mayen,
　　Keinen Junius.
Kann den Jüngling ein Olympus freuen,
　　Ohne deinen Kuß?
Drohend steh' ich hier, wie Werther,
　　Mit dem Mordgewehr,
Alle Haine, Thäler, Oerter,
　　Liegen um mich freudenleer!
Denn nicht ich, ein andrer
　　Wars, den, Zilla, du gewählt.
Donnre, Mordgewehr! — ich sinke! — Wandrer,
　　Liebe hat den Jüngling hier entseelt.

Froschkritik.
Im antiken Geschmack.

Sang in 'nem Busch 'ne Nachtigall: —
So wunderlieblich war ihr Schall
Als wie der 'rausgezogne Ton
Aus Meister Liedels Barriton.
Es war 'n Sumpf nicht weit davon,
Drin lag 'ne ganze Legion
Von Fröschen; und die hörten all'
Den Wundersang der Nachtigall.
Da war ein hochstudirter Frosch,
Mit runzlichter Stirn und breiter Gosch,
Hatte die edle Musikam,
Den Kontrapunkt, die Algebram
In manchem Sumpf und Weiher studirt,
Und orgelte, wie sichs gebührt.
Doch weil er was gar kälter Natur;
Empfand er nichts und künstelte nur.

Der hörte auch die Nachtigall
Und sprach: Ihr Brüder, hört 'nmal,
Wie singt das Thier so abgeschmackt,
Macht falsche Quinten, hält keinen Takt,
Weicht nicht in künstlicher Modulation
Aus einem Ton in andern Ton
In ihrem eklen di — di — di —
Und duk, duk, duk — steckt ihre ganze Melodie.
Magister Frosch — lacht drob so laut,
Daß ihm beinah' zerplazt die Haut,
Und sprach: Kameraden, wißt ihr was? —
Eine Fuge klingt doch baß,
Wollens singen im Sopran, Alt und Tenor,
Ich orgle euch das Thema vor.
Nun giengs an ein scheußlich Gequack
Im wahren antiken Geschmack.
Mit Bund und Motu contrario;
Der Frosch hielt Tasto solo;
Unaufgelöst in der Fuge ganz
Folgt Dissonanz auf Dissonanz.
Nach mancher halsbrechenden Modulation
Kam endlich doch der lezte Ton. —
Die Fledermaus und der Uhu
Hörten dem Froschconcerte zu.
Waren drob gar lustig und froh,
Und schrien laut: Bravissimo!

Ein

Ein Jüngling voll Empfindsamkeit
Gelockt von sanfter Abendzeit,
Kam aus dem nahen Rosenthal
Hörte das Lied der Nachtigal,
Und weint' und sah zum Himmel 'nauf: —
Und als die Frösche fugirten drauf;
Da warf er Steine in den Teich,
Und schrie: „Der Henker hohle euch!"
Hum! sprach der Kritikus unterm Gewässer,
Der Kerl verstehts nicht besser! —

Freyheitslied eines Kolonisten.
(1776.)

Hinaus! Hinaus ins Ehrenfeld
 Mit blinkendem Gewehr!
Columbus, deine ganze Welt
 Tritt muthig daher!

Die Göttin Freyheit mit der Fahn' —
 (Der Sklave sah' sie nie)
Geht — Brüder, seht! sie geht voran!
 O blutet für sie!

Ha, Vater Putnam lenkt den Sturm,
 Und theilt mit uns Gefahr;
Uns leuchtet, wie ein Pharusthurm
 Sein silbernes Haar!

Du gier'ger Britte, sprichst uns Hohn? —
 Da nimm uns unser Gold!
Es kämpft kein Bürger von Boston
 Um klavischen Sold!

Da seht Europens Sklaven an,
"In Ketten rasseln sie!" —
Sie braucht ein Treiber, ein Tyrann
Für würgbares Vieh.

Ihr reicht den feigen Nacken, ihr,
Dem Tritt der Herrschsucht dar? —
Schwimmt her! — hier wohnt die Freyheit, hier!
Hier flammt ihr Altar!

Doch winkt uns Vater Putnam nicht?
Auf Brüder, ins Gewehr! —
Wer nicht für unsre Freyheit ficht,
Den stürzet ins Meer!

Herbey, Columbier, herbey!
Im Antliz sonnenroth!
Horch, Britte, unser Feldgeschrey
Ist Sieg oder Tod.

Der gnädige Löwe.

Der Thiere schrecklichsten Despoten
Kam unter Knochenhügeln hingewürgter Todten
Ein Trieb zur Großmuth plözlich an.
Komm, sprach der gnädige Tyrann
Zu allen Thieren, die in Schaaren
Vor seiner Majestät voll Angst versammlet waren;
Komm her, beglückter Unterthan,
Nimm dieses Beyspiel hier von meiner Gnade an!
Seht, diese Knochen schenk' ich euch! —
Dir, rief der Thiere sklavisch Reich,
Ist kein Monarch an Gnade gleich! —
Und nur ein Fuchs, der nie den Ränken
Der Schüler Machiavels geglaubt,
Brummt in den Bart: Hm, was man uns geraubt,
Und bis aufs Bein verzehrt, ist leichtlich zu ver=
                schenken!

Die Erscheinung.

Wo find' ich den Liebling der Seele,
    Den Gott mir zum Manne erkohr?
Ich sång' ihm mit schallender Kehle
    Dieß Lieblein so gerne ins Ohr! —
O käm' er, wie wollt' ich ihm singen
Dem Trauten, so lange umschlingen,
Bis innig ers fühlte, wie ich,
Gott hab' ihn geschaffen für mich.

Jüngst saß ich, vom Monde beschienen,
    Am Bettlein so einsam, so leer;
Da sah' ich mit freundlichen Mienen
    Den Jüngling, wie Hermann war, er.
Es flammte der himmlische Zunder
Der Liebe die Augen herunter,
Hoch, schlank, nicht zu weich, nicht zu wild,
War meines Erwählten Gebild.

                         Auch

Auch wallte die bräunliche Locke
    Dem Jüngling ins schöne Gesicht.
Er redte — die silberne Glocke
    Ertönet so lieblich mir nicht.
Bald fliessen, so sprach sie, die Flammen
Der Herzen in einem zusammen;
Mit mächtigem Drange fühl's ich,
Gott hab' ihn geschaffen für mich.

Doch harre, die bräutliche Stunde,
    Bald steigt sie von Osten herauf,
Und drückt deinem glühenden Munde
    Die Küsse des Bräutigams auf.
Ach ende, du Traute, das Sehnen
Des Herzens, und spare die Thränen;
Denn alles das Deine ist mein,
Und alles das Meine ist dein.

Ich bebte, ich schwamm in Entzücken,
    Ich wagt' es mit bebender Hand,
Den Jüngling an Busen zu drücken,
    Doch, ach! die Erscheinung verschwand.
Wo bist du nun, heiliger Schatten
Des Trauten, des zärtlichen Gatten?
Dein künftiges Weibchen sizt hier,
Und schmachtet vergeblich nach dir.

                         Der

Der Bauer im Winter.

Ich leb' das ganze Jahr vergnügt,
Im Frühling wird das Feld gepflügt;
Da hängt die Lerche über mir,
Und singt ihr süßes Lied mir für.

Und kommt die liebe Sommerszeit,
Wie hoch wird da mein Herz erfreut,
Wann ich vor meinem Acker steh'
Und so viel tausend Aehren seh'?

Alsbald die Sicheln dengle ich,
Der Grille Lied ergötzet mich;
Dann fahr' ich in das Feld hinaus,
Schneid' meine Frucht, und führ's nach Haus.

Im Herbst seh' ich die Bäume an,
Schau Aepfel, Birn und Zwetschgen dran;
Und sind sie reif, so schüttl' ich sie.
So lohnet Gott des Bauren Müh.

Jezt ist die kalte Winterszeit,
Mein Schindeldach ist überschneit;
Das ganze Feld ist Kreideweiß,
Mein Weiher ist bedeckt mit Eiß.

Ich aber bleib bei hellem Muth,
Mein Pfeifle Tobak schmeckt mir gut.
Von mir wird mancher Span geschnizt,
Wann 's Weible bei der Kunkel sizt.

Die Kinder hüpfen um mich 'rum
Und singen heisa dudeldum!
Mein' Urschel und mein kleiner Hans,
Die drehen sich im Schleifertanz.

Und kommt der liebe Sonntag 'ran,
Zieh' ich mein Scharlachwammes an;
Geh' in die Kirch in guter Ruh
Und hör' des Pfarrers Predigt zu.

Und komm' ich heim, so wird verzehrt,
Was mir der liebe Gott beschehrt;
Und nach dem Essen lies ich dann
Im Krankentrost und Habermayn.

Und bricht die Abendzeit herein,
So trink ich halt mein Schöpple Wein;
Da liest der Herr Schulmeister mir
Was Neues aus der Zeitung für.

Dann geh' ich heim im Köpfle warm
Und nimm mein liebes Weib in Arm;
Leg mich ins Bett und schlaf froh ein,
Kann wohl ein Mensch vergnü*** seyn?

Mährchen.

Es starb 'nmal ein Bäuerlein,
Sein Engel, — hell, wie Sonnenschein,
Mit einem güldnen Stabe wies
Dies Bäuerlein ins Paradies.

Es gieng an den bestimmten Ort
Auf einer Morgenröthe fort;
Kam an das Thor von Diamant,
Und klopfte sittsam mit der Hand:

St. Peter hütete die Thür,
Und schrie: „Nun, wer ist wieder hier?"

„Ich bin ein armer Bauersmann,
Der auf der Erde nichts gethan,

Als seine Felder angebaut,
Mit einem Weibe sich getraut,
Die mir zum Stecken und zum Stab
'N Duzend derbe Buben gab.
In meinem Leben gab ich gern
Die Steuren meinem gnäd'gen Herrn;
Ich glaubte, was der Pfarrer sprach,
Kam treulich seinen Lehren nach;
Und zahlt' ihn redlich, wie mich deucht,
Für seine Predigt, Beth, und Beicht.
Ich starb. Er salbte mich mit Oel;
Ein Engelein wies meine Seel'
Zu dir ins Paradies herauf:
O heil'ger Peter mach mir auf!!"

Nun öffnete die Pforte sich,
St. Peter sprach: Ich lobe dich,
Du guter Mann verdienst gewis
Ein Plätzchen in dem Paradies.
— Du sollt's auch haben: Aber, heut
Mein Bäuerlein, fehlt mir die Zeit,
Wir feyren heut ein groses Fest,
Das mich an dich nicht denken läßt.

Geh dort in jene Laube hin,
Gewölbt von himmlischem Schasmin,
Und warte, bis ich komme, da,
Beim Nektar und Ambrosia! —

Das Bäuerlein sprach: Habe Dank!
Sezt' sich auf eine Veilchenbank,
Und wartete, bis Peter rief:
— Erhabne Stille herrschte tief.

Doch plözlich sprang das goldne Thor,
Der ganze Himmel war Ein Chor:
Es schwamen süsse Simfonien
Durch den entzückten Himmel hin;
Der Schatten eines Priesters schwebt
Herauf, vom Lobesang erbebt
Der Himmel: Leuchte wie ein Stern,
„Komm du Gesegneter des Herrn!"

Mit Abraham und Isaak saß
Der Seelige zu Tisch, und aß
Das erstemal Ambrosia;
Und Amen, und Hallelujah!
Sang laut der Serafinien Chor
Um des entzückten Priesters Ohr.

Und

Und erst am Himmelsabend kam
St. Peter vor das Thor, und nahm
Mit sich den armen Bauersmann,
Und wies ihm auch sein Plätzchen an.

Der Bauer faßte wieder Muth,
Und sprach: „Herr Peter, sei so gut,
Und sag' mir, warum war denn heut
Im Himmel solche große Freud?"

„Sahst du's dann nicht, sagt Peter drauf,
Ein frommer Priester schwebt' herauf?
Drum hat ob seiner Seeligkeit
Der Himmel solche große Freud!"

„So müssen — fiel der Bauer ein,
Im Himmel lauter Feste seyn,
Weil's ja viel tausend Priester giebt,
Und jeder seinen Herrgott liebt?"

St. Peter lachte laut dazu,
Und sprach: „Du liebe Einfalt du!!
Ich, der ich bald zweitausend Jahr
Thürhüter in dem Himmel war,
Hab' vor den Pfaffen gute Ruh; —
Doch solche Bauernkerls wie du,

Die

Die kommen oft so häufig an,
Daß ich sie nimmer zählen kann."

Dies Mährchen hat Hans Sachs erdacht,
Und es in Knittelvers gebracht:
Doch — ärgert dich's, mein frommer Christ,
So denk, daß es ein Mährchen ist!!

Der glückliche Ehmann.

Ich bin so glücklich, bin so froh;
　Ein Weiblein darf ich lieben,
Ganz, wie einst König Salomo
　Sein liebstes Weib beschrieben.

Wie rüstig ist sie spat und früh! —
　In goldner Morgenstunde
Weckt sie mich mit der Melodie:
　Aus meines Herzens Grunde.

Ich hab' den Engel dann und wann
　Im Stillen knieen sehen.
Da hört' ich sie für ihren Mann
　Und ihre Kinder flehen.

Im Bibelbuch liest sie so gern.
    Bei jeder schönen Stelle
Wird meines Weibchens Augenstern
    Von frommen Zähren helle.

Dann rennt so frisch das gute Kind
    Im Hause hin und wieder.
Befiehlt; und hält doch das Gesind
    Für Schwestern und für Brüder.

Dem Vieh gebricht sein Futter nie.
    Wie flattert ihr entgegen
Im Hof das bunte Federvieh
    Und pikt den goldnen Regen.

Als Mutter erst — da solltet ihr
    Dies Herzensweiblein kennen.
Schwör' euch, ihr würdet sie mit mir
    Der Mütter Muster nennen.

Wie lehrt die treue Mutter nicht
    Den Töchtern und den Söhnen
Zur Fertigkeit in jeder Pflicht
    Sich zeitig zu gewöhnen! —

Dann

Dann sezt sie, wie das Bild der Ruh,
　　Sich still an meine Seite.
Ich hör' dem Tanz der Spindel zu
　　Mit inniglicher Freude.

Wie wird die Arbeit mir so leicht!
　　Es streichelt mich die Liebe,
Sieht sie oft meine Stirne feucht
　　Und meine Augen trübe.

Ihr Frühlingslächeln im Gesicht
　　Lehrt mich des Lebens Plagen,
Lehrt Zentner, wie ein Lothgewicht,
　　Mich Glücklichen ertragen.

Sie sorgt für mein gesundes Mahl;
　　Und reicht mir, will ich trinken,
Mit Lächeln selber den Pokal,
　　Drinn goldne Tropfen blinken.

Des Himmels Pracht, der Auen Zier,
　　Das spieglende Gewässer,
Du holdes Weib, gefallen mir
　　An deiner Seite besser.

Drum steigt mein Dank in Himmel hin,
  Daß Thränen mir entbeben,
Weil Gott zur Lebensführerin
  Mir solch' ein Weib gegeben.

Mit ihr laß mich durchs Erdenthal,
  Du Gott der Liebe, wallen;
Mit ihr in deines Thrones Stral
  Einst dankend niederfallen.

Du liessest uns der Häuslichkeit
  So süsses Glück geniessen;
O sei dafür in Ewigkeit,
  Allmächtiger, gepriesen!!

Deutsche Freyheit.

Da lüpfe mir, heilige Freyheit,
　　Die klirrende Fessel am Arme,
Daß ich stürm' in die Saite
　　Und singe dein Lob.

Aber, wo find' ich dich, heilige Freyheit,
　　O du, des Himmels Erstgebohrne? —
Könnte Geschrei dich wecken; so schrie ich,
　　Daß die Sterne wankten,

Daß die Erd' unter mir dröhnte,
　　Daß gespaltne Felsen
Vor dein Heiligthum rollten
　　Und seine Pforte sprengten.

Könnten Thränen dich rühren;
    Ach, du kämst zum Fesselbeladnen,
Dem schon Neun schreckliche Jahre
    Zährenfeuer die Wange sengt.

Aber hier bist du nicht, wo Gallioten
    Wie Vieh an Karren gespannt,
Mit Ketten vorüberrasseln; —
    Hier, Göttin, bist du nicht,

Wo die starre Verzweiflung
    Am Eisengitter schwindelt;
Wo des Langgefangnen Flüche
    Fürchterlich im Felsenbauche hallen.

Aber, wo bist du?
    Gottes Vertraute, wo bist du?
Ach, daß du mir lüpftest die Fessel;
    So säng' ich, Göttin, dein Lob.

Doch weinend, wie der Siechling singt
    Von der Gesundheit goldnen Gabe,
Wie der einsame Mann von der fernen Geliebten
    So sing' ich, Göttin, dein Lob.

Hast du verlassen Germania's Hain,
    Wo du unter dem Schilde des Monds
Auf Knochen erschlagner Römer
    Deinen Thron erthürmtest?

Wo du mit deinem aufgesäugten Sohne
    Hermann, — Winfelds Schlacht schlugst,
Und die Aeser der Freyheitshasser
    Den Wölfen vorwarfst zum Fraße? —

Laut auf muß ich weinen,
    Denn ach, du weiltest in Deutschlands Hainen
      Der seeligen Jahre
        Nur wenige.

Dich scheuchte ein scheußliches Ungeheur —
    Schreckbarer, als des Nilus Thier,
Wenn es mit gestorbnen Fischen
    Und faulenden Krebsen in den Schuppen

Ans Ufer springt und die Lüfte verpestet.
    Ja, so ein Ungeheuer
Entwand sich dem Nebelschlunde der Hölle,
    Und entweihte Germania's Hain.

Zwei Drachenhäupter hatte das Unthier;
 Eine Krone von Gold und eine Müze von Samt
Schmückten die Köpfe
 Der Greulgestalt.

In Lachen von Blut und verspriztem Marke
 Wälzte das Unthier sich
Wie Mizraims Scheusal
 Im Schlamme Nilus sich wälzt.

In dichtere Eichenschatten
 Entflohen die Söhne Teuts,
Und ihre brüllende Klage
 Scheuchte das Wild.

An Eichenast hieng die Telyn der Barde,
 Lehnte sich an Mooßstamm und starb.
Da haucht' sein Geist in die Telyn,
 Und sie schütterte Sterbgewinsel.

In finstern Pagoden thronte die Dummheit;
 Der Gewaltthat erste Vertraute,
Lehrte Unsinn vor der gaffenden Menge,
 Und an der Fessel dorrte des Weisen Arm. —

Heilige Freyheit, verzeih es dem kühneren Frager:
    Ist sie bald verströmt die schreckliche Wolken=
            nacht?
Vollendet Joseph im Harnisch,
    Was Luther begann in der Kutte?

Ha, vielleicht ist sie da, göttliche Freyheit,
    Die heilige Stunde deiner neuen Erscheinung!
Schon donnert in Thuiskons Hainen
    Dein Feldgeschrei: Der Deutschen Bund!

Der Pilger*).

Vor einem Dorngekrönten Christusbilde in einer alten Kapelle kniete Mathildis. Neben ihr Ritter Traugott vor einem Christus am Pfahle unter den Schwüngen der Geissel. Beede schimmerten vor Andacht und dankten mit frommen bebenden Lippen dem Erlöser für die Dorngewundne Krone, für die blutige Geissel. Sie staunten vor einander, als sie sich in der Andacht morgenröthlichen Glut erhuben. Der ist für mich geschaffen, dachte Mathildis. Die ist für mich geschaffen, dachte der Ritter.

Einst wagt' er's ihr zu sagen auf einem Kirchhofe, an seines Vaters Grabhügel: ich liebe dich, Mathildis. Sie sah auf seines Vaters Grabhügel, und schwieg lange. Endlich stammelte sie: Hab' dich auch lieb, Traugott; aber mein Vater wird

---

*) Nach den „Pilgerschaften zum heil. Grabe. Cölln, 1583.

mich dir nicht geben, denn du bist arm und ich bin reich.

    „Ich schwöre dir, wenn du die Meine wirst;
    „so wall' ich zum heiligen Grabe.

    „Ich schwöre dir, wenn du der Meine wirst;
    „so wall' ich zum heiligen Grabe."

So sagten sie, und siehe! Traugott rettete dem Vater der Mathildis das Leben, als eines Räubers Säbel einst über seinem Schädel blinkte. Nun ward ihm Mathildis zum Lohne. Das seelige Paar hielt, was es gelobte. Traugott hüllte sich ins Pilger= gewand; sie ins Gewand seines Knechts, entschlos= sen ihn nicht zu verlassen in Lieb und Leid. Und so wallten sie beede an Pilgerstäben ins heilige Land.

Hoh und groß war Traugotts Seele; sanft und mild die Seele Mathildis; aber beede liebten Christus den Herrn. So streckte sich Niedrigkeit hinauf zur Hoheit, und so neigte sich Hoheit herun= ter zur Niedrigkeit. Unter Gesprächen der Lieb' und der Andacht wallten sie so ins heilige Land, obgleich Mathildis oft bleich und müde ward. Als sie den heiligen Boden betraten; so warfen sich
                          Beede

Beede aufs Antliz und küßten die Erde, drauf Christus Sohle ruhte.

Da sahen sie Salem, die heilige Stadt, wo in verschwiegnen Hallen der Staub der Könige und Seher ruhte, — Salem, ehmals des himmlischen Jerusalems Nachbild, nun ein laut aufdonnernder Zeuge, wie fürchterlich verschmähte Gnade sich in Rache wandle.

Da sank der Tempel in dampfenden Trümmern hinunter, sprach Traugott, wies auf Moria, und stuzte.

Wo ist Pilatus Richthaus? wo Kaiphas Pallast? wo Herodes Burg? wo der Marmorsaal des Sanhedrins? wo zuckte die Geissel auf des Erlösers Rücken? wo quoll sein Blut unter der Dornenkrone? welche Steine beträuft' es? — So fragte die bleiche Mathildis, als sie Salems Gassen durchirrte.

Der Sturm des Gerichts hat bald jede heilige Spur verweht, sprach sinnig Traugott, der Ritter.

Das liebende Paar wallt' an Golgatha's Hügel, fiel auf die Erd' und weinte lange.

„Da floß sein Blut! der Sühnung so köstliches Blut —

„Und auch für mich, Mathildis! —

„Und auch für mich, Traugott! — "

Dem, der ist, der war, der kömmt, so sangen sie Beede.

Und den sieben Geistern, flammend am Throne Jehova's,

Und dem Mittler des Bundes, dir, o Jesus, Messias,

Treuer, wahrhaftiger Zeuge! Erstgebohrner der Toden!

Aller Könige Fürst! Dem, der uns liebt und gewaschen

Mit dem Blute, das hier am Todeshügel herabrann

Von den Sünden; der uns zu Herrschern und Priestern erkohren.

Seinem und unserm Gott, seinem und unserm Vater, —

Ihm sei die Herrlichkeit, Ihm sei die Kraft in Ewigkeit! Amen.

So sangen die Beeden, und die blässere Mathil=
dis wagts tief in der Seele zu flehen: o dürft' ich
hier sterben, wo Jesus starb!! —

Sie erhuben sich drauf voll Christusliebe und
wallten zum heiligen Grabe. Da blickten sie voll Ehr=
furcht hinunter in des Grabes schaurichte Tiefen.
Hier lag er, der größte Tode, der die Verwesung
nicht sehen sollte! so lispelten sie. Da hat er
unsre Gräber geheiligt! Da macht' er unsern Tod
zum luftigen Schlummer in einer Sommernacht.
Des Erwachens seeliger Morgen röthet sich schon.

Laß mich sterben, wie Er starb!
Ruhen, wie Er ruhte!
Um seinetwillen seegne unsern Schlaf im Grabe!—
Leucht' uns durchs finstre Grauenthal, Geist des
Erlösers!

Du hast den Hügel gesprengt, bist erwacht aus
dem Grabe! Bist ein neuer, unversiegender Quell
des Lebens geworden!

O verleih' auch uns eine fröhliche Urständ!
Und laß uns sehen deine Herrlichkeit!

Das war's, was die frommen Liebenden flehten am
Grabe des Erlösers.

Am

Am Oelberge dachten sie an Christus Herrlichkeit; da stieg er von seiner Spiz' empor. Die Himmel zerrissen und nahmen ihn auf.

Lange sahn Traugott und Mathildis mit gefaltnen Händen gen Himmel. „Du wirst wiederkommen, wie man dich sah gen Himmel fahren." So sagte Traugott und lächelte Wonne. Wie nah' gränzt oft die höchste Herrlichkeit ans tiefste Elend! — Sieh, Mathildis, dort liegt Gethsemane, wo Schweiß und Blut von Christus Stirne floß, wo Todesangst ihn schütterte, wo ein Engel ihn stärkte; — und hier die Strahlenspize, wo der Herrliche sprach: Mir ist gegeben alle Gewalt im Himmel und auf Erden.

So suchten die frommen Liebenden unter Salems Trümmern die Fußtapfen Christus.

Auch wallten sie hinab nach Bethlehem, wo der himmlische Knab' in der Krippe schlummerte, wo Maria und Joseph sich über ihn neigten und wonniges Entzücken fühlten. Sie waren auf Bethlehems Gefilden, und der Mond gieng auf: es dachten die Frommen: Da waren die Hirten auf dem Felde, als Gabriel aus der Nacht trat und ihnen und aller Welt Heil verkündete! Da ergossen sich

sich die himmlischen Heerschaaren aus zerrißnem Gewölk, und sangen: Ehre Gott! Friede der Welt! An Menschen Wohlgefallen!! —

Auch das am Geburge hangende Nazareth besuchten die Beede, obgleich Mathildis oft sank und nahen Tod verkündende Ermattung fühlte, ohn' es dem Lieben zu sagen.

Hier, Mathildis, wohnte Maria, aller Weiber Stolz und Krone! Hier erzog die Hochgebenedeite den himmlischen Knaben. „Lasset uns zur Freundlichkeit gehen" *), sagten Nazareths Jünglinge und giengen zu Jesu. Hier war er Zimmergeselle, hier Lehrer in der Synagoge! Hier wollten die Wahrheitshasser den Zeugen der Wahrheit vom Felsen stürzen.

O Traugott, wüßten wir alles, was Jesus
 that als Knabe, was er that als Jüngling!!
Doch im Himmel soll mir's Maria erzählen!

Auch

---

*) So pflegte man Jesum nach dem Zeugnisse einiger Kirchenväter in seiner Jugend allgemein in Nazareth zu nennen. Irenäus will noch Joche und andre Zimmerarbeit gesehen haben, die Christus als Jüngling verfertigte.

Auch' fuhren sie auf dem See Genezareth und ruhig wie der Kahn auf der Kristallfläche gleitete, schön, wie der Blühtenstrauch am Gestade, den der Wasserspiegel zurückstralt, so sanft waren die Gedanken und Bilder, die auf den Seelen der Liebenden schwebten. Hier fuhr er auch der Heilige, hier gebot er der schwellenden Wooge: Verstumm du! Hier lag der Auferstandne am Ufer und fragte den traurenden Jünger: Hast du mich lieb? —

Auch am Thore des kleinen Nains weilten sie und dachten: da trug man den toden Jüngling heraus! da gab er ihn wieder der weinenden Mutter!!

„Ich sterbe gerne, sagte Mathildis, auch mich wird er erwecken."

Als sie Tabor bestiegen und nun auf seinem Kräuterbedufteten Rücken standen, da blizten grose Gedanken durch des Pilgers Seele. Er sah' weit um sich her das Land der Verheissungen Gottes! All die grosen Geschichten und Thaten, die hier geschahen, giengen vor seinem Feuerblicke vorüber. Hier wandelte Gott im Säuseln der Palmwipfel! Hier wandelt' er im Zederstürzenden Domiersturme! Und hier, wo ich stehe, durchblizte Christus innre Herrlichkeit seine äussere Hülle. Er ward verklärt.
Moses

Moses und Elias sprachen mit ihm und der wonne-
trunkne Jünger wollt' hier Hütten bauen und ewig
wohnen bei Christus. — Dann sprach Traugott im
Lichtstrohme hoher Entzückung viel von Gottes
hohem Entwurfe, — kaum bemerkt' er Mathildis —
aus der Urtiefe seines Wesens tausendmal tausend
Gedanken zu schöpfen! Sich abzuspiegeln in tausendmal tausend Wesen! Als die Ursonne zu zittern
im geglätteten Ozeane und im silbernen Thautropfen!
Auf alle Geschöpfe mit Gold das Gepräg seiner
Liebe zu drücken! — Durch Christus und seine Ge-
meinde fortzuwürken in jede Ferne und Tiefe, bis
der ungeheure Tempel des Alls dasteht mit der Stern-
schrift an der Wolkenpforte: Alles ist seelig!! —

Mathildis sank wie von Strahlen geblendet nieder
und bethete an, und Traugott war's, als zerriß
der Himmel über ihm und er säh Gottes Stadt,
das Urbild jeder Schönheit und Gröse, und Jehova's
schreckliche Herrlichkeit, und Christus Antliz voll
Gnade, und des Muttergeistes Lichtmeer, sieben-
armicht durchs Unermeßliche strömend. — Plözlich
schloß sich vor ihm der ungeheure Schauplaz wieder,
— doch blieb in seiner Seele das Gefühl seiner künftigen Herrlichkeit, spielend wie eine Feuerzunge auf
dem Rauchaltare, zurück. — Da konnt' er nur

in

in schnellen geflügelten Worten danken, nur in feuriger Eile stammeln: Wie bin ich so seelig! Ich Wurm, ich Staub so seelig durch Gott und seinen Gesalbten! Hallelujah dem Ersten und dem Lezten!! — So fühlten die Beede des Himmels Vorgefühl auf Tabor.

Aber Mathildis war zu schwach, den Pilgerstab noch länger zu führen und der Reise Lasten und Wonnen zu tragen. Da giengen sie nach Salem zurück und bargen sich in eines Klosters Klausen. Sorglich pflegte Traugott seine Mathildis. Aber immer blässer ward sie, immer müder, immer lechzender nach Ruh im Grabe. Nicht Traugotts Gluthgebeth, nicht Thränenströme vor dem Allbarmherzigen geweint, nicht des Glaubens und der Liebe Arm, womit er seine Mathildis emporhob, sie dem Himmel wieß und ungestüm flehte: Laß sie mir! der du die Goldfrucht am Baume des Lebens schuffst, o laß sie mir, meine Mathildis! — Aber vergeblich. Traugott sollt' ohne sie wallen zum Grabe. Gott sollt' ihm Alles seyn.

Einst nach langem Kummer und Nachtwachen fiel er in tiefen Schlaf. Den Augenblick benuzte Mathil=

Mathildis. Sie schlich in weißem Gewande hinaus an Golgatha's Hügel. Da sank sie nieder an seinem Fuße. „Hier laß mich sterben, Erlöser, wo du starbst! — Meinen Traugott seegne du und bring' ihn bald zu mir!" Ihr brach das Herz. Ein Engel hob ihre Seele aus dem Leichnam, wie aus versilbertem Wolkengedüft. Komm, Schwester, bald sollst du Jesum sehen, den Hochgeliebten, dort in des Paradises Schatten, wo keines Cherubs Donnerwagen mehr wacht, seit Jesus hier auf Golgatha starb. Dies sprach der Engel und führte die Seele. — Bald fand sie Traugott an des Schädelberges Fuße in Kreuzgestalt ausgestreckt liegen. Der Allmächtige hielt ihn, daß er nicht im Kummer versank. Mit seinen Thränen reichlich gesalbt begrub er sie an Golgatha's Hügel. Ein Moosstein sagt noch jezt dem Waller, wer hier schlummert:

Die Trümmer der frommen Mathildis.

So schrieb Traugott auf den Moosstein und schwur am Grabhügel: Sein ganzes Leben dem Herrn zu weihen!! — Er kam in seine Heimath, erbaute dem Herrn einen Tempel und hieng seiner Mathildis Bild an eine Marmorsäule.

Er starb als Greiß. Hinter seiner Bahre schrieen Tausende: Der Armen Stüze war er! der Witwen Schuz, der Waisen Vater war er! Ein Prediger der Wahrheit, der Christusreligion war er! — Ein Abstral der Herrlichkeit Christus war er — der fromme Pilger, der redliche Waller zum heiligen Grabe!!

Der Hirten Lied am Kripplein.

Schlaf wohl, du Himmelsknabe du,
  Schlaf wohl, du süßes Kind!
Dich fächeln Engelein in Ruh
  Mit sanftem Himmelswind.
Wir arme Hirten singen dir
Ein herzigs Wiegenliedlein für.
  Schlafe!
  Himmelssöhnchen schlafe!

Maria hat mit Mutterblick
  Dich leise zugedeckt;
Und Joseph hält den Hauch zurück,
  Daß er dich nicht erweckt.
Die Schäflein, die im Stalle sind,
Verstummen vor dir Himmelskind.
  Schlafe!
  Himmelssöhnchen, schlafe!

Bald wirst du groß, dann fließt dein Blut
 Von Golgatha herab;
Ans Kreuz schlägt dich der Menschen Wuth,
 Dann legt man dich ins Grab.
Hab' immer deine Aeuglein zu,
Denn du bedarfst der süßen Ruh.
  Schlafe!
 Himmelssöhnchen, schlafe!

So schlummert in der Mutter Schooß
 Noch manches Kindlein ein;
Doch wird das arme Kindlein groß,
 So hat es Angst und Pein.
O Jesulein! durch deine Huld,
Hilfs ihnen tragen mit Geduld.
  Schlafe!
 Himmelssöhnchen, schlafe!

Adams Trost.

Müd und voll Jammer kam Adam vom Felde und trat vor die Höhle seiner Felsenwohnung. Des göttlichen Fluches Gewicht:

> Im Schweisse deines Angesichts sollst du dein Brod essen!! —

drückt' ihn heiß und schwer. Seine Sohle war blutig geritzt, von Schwielen brannt' ihm die Hand: Eva war ausgegangen, Dudaim *) zu sammeln und Brombeer von der Staude zu pflücken. Da lehnte sich Adam an des Felsen Eingang, sah' hinaus mit jammerstarrem Auge in die heulende Wüste seines Elends; und Thränen riselten, wie ein Gewitterregen herab auf die Erde.

Des jammerte Gott. Er segnete die Thränen, und siehe da! aus ihnen erwuchs — die Rebe.

*) Judenkirschen.

Als die Trauben reif waren, da sah' Eva den Sperling picken die goldne Traube. Sie wagts, pflückt' eine Beer' und fand sie köstlich. Wie, wenn ich des köstlichen Saftes viel sammelte und ihn reichte meinem Manne zum Labsal? —

So dachte sie, lief eilends an des Tigris Gestad und hohlt' eine tiefe schimmrende Muschel, drückt der goldnen Beere viel drein, bekränzte die Muschel mit Rosen, und reichte sie in der Abendröthe ihrem schweißträufenden Manne. Er schlürft' erst furchtsam, dann kühn. Auch sie sürfelte mit kleinen lieblichgespaltnen Purpurlippen vom köstlichen Safte. Da ward Adam fröhlich, vergaß all seines Jammers. Nun schien ihm der Dornstrauch zu blühen, die Distel Balsam zu schwizen, und das Steinthal schimmert' ihm nun in der Abendsonne, wie ein Boden, belegt mit Gold und Silber und Smaragd. Und — o Himmel! — sein Weibchen versuchts in der Wonn' und — sang zum erstenmale:

Allvater, du machtest
　Des Jammers zwar viel,
Und fürchterlich drücket
　Der Sünde Gewicht:
　　　　　　　Doch,

Doch, Vater, du schuffst auch
  Der Stärkungen viel.
Wer macht' hier die schwellenden Beere?
  Wer schuf ihren goldenen Thau,
Zu erquicken meinen Adam,
  Wenn ihm die Stirne träuft?
Wenn unter der Berglast des Lebens
  Sein Nacken sich beugt?
Ja, meinen Adam zu erquicken
  Schufst du die Beer'
    Und ihren Goldthau.
Guter Vater im Himmel,
Erhalt mir die Wunderbeere
    Und ihren Goldthau!

So sang sie. Die Nachtigallen lauschten im Busche, die Lerche hieng schweigend in der Luft, und alle Vögel verstummten vor der Stimme des Menschen.

Hallelujah, jauchzt der entzückte Menschenvater. Will nicht mehr klagen. Hab ich doch mein Weib hier zum Troste! und ihren Sang! und diese Silbermuschel voll labenden Goldthaus.

„O ihr meine Kinder, meine Enkel und Ureukel, sagt' Eva freudeweinend, wenn euch meiner Uebertrettung Fluch drückt; so stärk' euch—Adams Trost!!

Todenmarsch.

Zieh hin, du brafer Krieger, du!
Wir gleiten dich zur Grabesruh,
Und schreiten mit gesunkner Wehr,
    Von Wehmuth schwer
Und stumm vor deinem Sarge her.

Du warst ein bidrer, deutscher Mann,
Hast immerhin so braf gethan.
Dein Herz, voll edler Tapferkeit,
    Hat nie im Streit
Geschoß und Säbelhieb gescheut.

Warst auch ein christlicher Soldat,
Der wenig sprach und vieles that,
Dem Fürsten und dem Lande treu,
    Und fromm dabei
Von Herzen, ohne Heuchelei.

Du standst in grauser Mitternacht,
In Frost und Hize auf der Wacht;
Ertrugst so standhaft manche Noth
    Und danktest Gott
Für Wasser und für's liebe Brod.

Wie du gelebt, so starbst auch du,
Schloßst deine Augen freudig zu.
Und dachtest: „Aus ist nun der Streit
    Und Kampf der Zeit.
Jezt kommt die ew'ge Seeligkeit.

Der liebe Herrgott kannte dich.
In Himmel kamst du sicherlich.
Du Wittwe und ihr Kinderlein,
    Traut Gott allein:
Er wird nun eure Stüze seyn.

Die Bahre poltert in die Gruft;
Wir aber donnern in die Luft
Dein leztes Lebewohl dreimal.
    Im Himmelssaal
Dort sehn wir dich ohn' alle Qual.

Nehmt seinen Sabel von der Bahr,
Und seid so braf, als wie er war.
Dann überwinden wir, wie er.
  Und heiß und schwer
Drückt uns des Lebens Joch nicht mehr.

Trupp.

Eilt, Kameraden, von der Gruft!
Weil uns die Trommel wieder ruft.
Er rastet nun im kühlen Sand.
Uns fodert Fürst und Vaterland.
  Wir bieten ihm
  Mit Ungestüm
 Die rauhe Kriegerhand.

Zwar gieng' es leichter in dem Feld
Als auf dem Bette aus der Welt.
Doch alles nur nach Gottes Rath.
So denkt ein redlicher Soldat.
  Ihm geht es gut.
  Er stirbt mit Muth,
 Wie unser Kamerad.

Demuth.

Demuth, Braut des Himmels, höre
 Heute deinen Lobgesang.
Christenhimnen, Engelchöre
Singen, Göttin, deine Ehre
 Unter Himmelsharfenklang.

Engel sind das Bild der Demuth,
 Wenn sie vor Jehovah stehn.
Und vor seines Thrones Lichte
Mit bedecktem Angesichte
 Ehrfurchtsvoll vorübergehn.

Jene vier und zwanzig Alte
 Beugen schweigend ihre Knie.
Unterm Donner neuer Lieder
Legen sie die Krone nieder;
 Denn die Demuth lehrt es sie.

In den Höhen, in den Tiefen
    Beugt die ganze Schöpfung sich.
Geister in des Himmels Lüften,
Wesen in des Mondes Düften,
    Preisen dich! Jehovah, dich!!

Jesus, aller Welten Erbe,
    Er verließ des Vaters Schoos.
Nicht durch Stolz, der Gott entehret,
Und sich gegen Ihn empöret;
    Nur durch Demuth war Er groß.

Satan, einst ein Sohn des Himmels,
    Trozte Gott mit kühner Wuth.
Doch der schwindelnde Rebelle
Sank von seiner Serafsstelle
    In der Hölle Schwefelgluth.

Jeder aufgethürmte Trozer,
    Der im Stolze Satan gleicht,
Ist ein Feind von Gottes Größe,
Er erkennt nicht seine Blöße,
    Weil er von der Demuth weicht.

                              Demuth

Demuth ist des Mannes Harnisch,
    Ist des Weisen Diadem.
Nur die sanften Christenseelen,
Die mit Demuth sich vermählen,
    Sind dem Schöpfer angenehm.

Demuth ist der goldne Gürtel,
    Der die Töchter Eva's schmückt.
Ohne sie wird jede Schöne
Frommen Seelen zum Gehöne;
    Nur der Demuth Reiz entzückt.

Sei so reich, wie Peru's Töchter,
    Häufe Gold, wie Meeressand.
Gleich den Grazien an Schöne,
Feßle alle Erdensöhne; —
    Ohne Demuth ist es Tand.

Ach, drum flistert meine Seele
    Diesen Seufzer, Gott, zu dir:
Nicht um Güter, die vergehen,
Soll dich meine Seele flehen,
    Nur um Demuth fleht sie dir.

Friderich der Grose.
Ein Hymnus.

Als ich ein Knabe noch war
Und Friedrichs Thatenruf
 Ueber den Erdkreis scholl;
Da weint' ich vor Freuden über die Gröse des
 Mannes,
Und die schimmrende Thräne galt für Gesang.

Als ich ein Jüngling ward
Und Friedrichs Thatenruf
 Ueber den Erdkreis immer mächtiger scholl;
Da nahm ich ungestüm die goldne Harfe,
Dreinzustürmen Friedrichs Lob.

Doch

Doch herunter vom Sonnenberge
Hört' ich seiner Barden Gesang.
Hörte Kleist, der für Friedrich
Mit der Harf' ins Blut stürzte;
Hörte Gleim, den Kühnen,
Der des Liedes Feuerpfeil
Wie die Grenade schwingt.
Hörte Ramlern, der mit Flakkus Geist
Deutschen Biderſinn einigt.
Auch hört' ich Willamov, der Friedrichs Namen
Im Dithirambenſturme wirbelt.
Dich hört' ich auch, o Karſchin, deren Gesang
Wie Honig von den Lippen der Natur
Träuft; — da verſtummt' ich,
Und mein Verſtummen galt für Gesang.
Aber soll ich immer verſtummen?
Soll der Bewundrung und der Liebe Woogendrang
Den Busen mir sprengen? — Nein, ich wags!
Ergreife die Harf' und singe Friedrichs Lob! —

Von meines Berges Donnerhöhe
Ström' auf geſteintem Rücken hinunter
Du, meines Hymnus Feuerſtrom!
Er ſtäub' und donnr' im Thale

Meines

Meines Hymnus Feuerstrom,
Daß es hören die Völker umher!

Auf schwerer Prüfungen Nachtpfad
Führte die Vorsicht den Helden,
Eh' er drang in der Größe Heiligthum.
Sah' er nicht träufen das Schwerdt
Von Catt, seines Freundes, Blute?
Sah' er nicht blinken das Schwerdt
Auf seinen eignen Nacken? —
Muthig und furchtlos blieb Er; dann Furcht
Kannt' er schon als Jüngling nicht.

In der Muse keuschen Umarmung
Uebt' er sich zu tragen den goldenen Szepter.
Schon flammt' auf seinem Haupte das Königs=
diadem.
Wie der Wolkensammlende Zevs
Saß er auf dem Thron' und schüttelte Blize.
Da floh' die Dummheit und der Unsinn
Und Barbarei die Nachtgefährtin.
Er selbst war das Urbild der Weisen;
Riß dir, Machiavell, die Larve vom Antliz
Und predigte Fürsten die Herscherkunst.
Die Geister seiner Ahnen stiegen aus der Gruft.
Mit

Mit des Meisters Pinsel zeichnet' er sie,
Sang hohe Gesäng' in die Lyra,
Und spielte die Flöte Apolls.
Wie aus der Urnacht Tiefe
Von Gott gerufen, Sonnen flockten;
So stiegen Weise und Künstler empor,
Und der Städte Fürstin ward Berlin.

Von Friedrichs Schwerdt berührt
Erstickt das Schlangenungeheuer die Schikane
Im ausgesprudelten Giftschaum,
Und des Bettlers und Prinzen Recht
Wurde von Friedrichs Hand
Auf gleicher Schaale gewogen.

Hektor, Achill, und Cäsar und Julian,
Der Vorwelt und der Afterwelt Helden,
Staunten, als sein Kriegerruf hinabdonnerte
In des Todes Schattengefild.
Furchtbar bildet' er sein Heer.
Erfand nicht Friedrich jenen Knäul,
Der plözlich aufgerollt,
Größere Heere in Staub wirft? —

Fünfmal donnerte Friedrich Wodan,
Und sein war Silesia, seiner Krone
Köstlichstes Gestein.

Seiner Gröse Sonnenpunkt kam.
Habspurgs Adler schwebt schreckbar über ihm.
Er dürstete Friedrichs Blut.

Moskoviens Bär mit eißbehangnen Haaren
　　Dürstete Friedrichs Blut.
Gallia schwung die Lichtweisse Lilie
　　Sie zu tauchen in Friedrichs Blut.
Selbst Wasa's Enkel,
Und Germania's mächtigste Fürsten und Städte
Zuckten die Schwerdter, ins Schlachttha! zu giessen
　　Friedrich Wodans Blut.

Er aber — der Einzige! warf
Die erzne Brust entgegen
Der todschnaubenden Feindesschaar.
Achtete ihrer schreckbaren Menge,
Ihrer Rosse, wie Heuschreckenschwarm,
Ihrer zuckenden Lanzen,
Und ihrer metallnen Donnerschlünde nicht.

Sieben Jahre flog er
Wie der Rachestral Gottes im Wettergewölk

Unter

Unter seiner Feinde
Schwarzen Schaaren umher.
Blut und Hirn und Mark floß
Und sprizt' an seines Rosses Schenkel.
Leichen dampften, und Grabhügel
Thürmten wie Berge sich.
In Riesengestalt trat einher der Würgegeist
Von Wuthgebrüll und Sterbgewinsel begleitet.
Zwanzig schreckliche Schlachten wurden geschlagen:
Oft schien das Schicksal an Friedrichs Thron zu
                          rütteln,
Und den Colosiz zu werfen in Staub.
Der Rauch von Friedrichs festen Städten
Wirbelte mit dem Jammergeächz
Der Säuglinge, der Greise,
Der Schwangern und Kranken gen Himmel,
Daß Engel ihr Antliz bargen und traurten.
Auch fielen der Helden Friedrichs viel.
Schwerin und Keith und Kleist und Winterfeld,
Und im Entfliehn aus ihren Leibern
Kümmerten sich noch die Geister der Tapfern
    Um Friedrichs Heil. –

Aber der Held stand mit der Rache gezücktem
    –   Schwerdt.
Stand im Geschüzdonner, im Säbelgeklirr,

Achtete nicht des bäumenden Rosses Hufschlag.
Nicht des Hochverraths Drachenblick.
Nicht des zaudrenden Bundesgenossen,
Nicht der Acht, die ihn
Des Fanatismus Höllenwuth Preiß gab.
Ja, so stand er sieben Jahre im Feld des Todes,
Hehr und frey, und groß, wie ein Gott.
Es staunten die Völker. Der Helden Geister
Nikten ihm Beifall vom Wipfel der Eichen.
Ringsum wiechen vor ihm die Schaaren der
       Hasser —
Und so stand er in seiner Heldenhoheit
  Allein da!!
Auf Hubertusburgs Zinne
Trat der Gerichtsengel und sprach:
Es ist genug!!
     — Die Donner verstummten.
Friedrich zog in seine Königsburg
Und lenkt dem Triumph aus.

Groß und glücklich zu machen sein Volk
War Friedrichs erhabner Gedanke. —
In des Landes Wunde träuft' er Balsam.
Palläste stiegen aus Brandstätten empor.
Dem Landmann gab er weisen Unterricht.
Die Musen sonnten sich wieder in Friedrichs Stral.
Er selber war noch immer ihr Liebling.
         „Liebt

„Liebt euer Vaterland!
„Sprecht eure Heldensprache stark und rein!
„Schlürft aus der Kristallquelle,
„Draus Griechenland und Latium geschlürft!
„Macht durchs Gcäffe weicher Auslandssitte
„Erzne Knochen nicht zu Marzipan!"

Sprach er zum Bidervolke seines Reichs.
Doch nie legt' er Europens Waagschal
Aus der Rechte. Der Gauen des Helden
Wurden ohne Schwerdtschlag immer mehr.
Weit hinaus in jedes Labirinth
Von der schlausten Staatskunst geflochten
Sah' seines hohen Auges Wetterstral.
Merkbar war das Wehen seines Odems
In jeder grosen That der Welt.
Er woog im Verborgnen die Rechte der Fürsten.
Auch hieng er furchtlos die Waagschal ans Schwerdt.
Da drangen sich Teutoniens Fürsten
In Friedrichs Felsenburg, wo der Riese
Sinnt auf dem eisernen Lager.
Sie botem ihm die Hand, und nannten ihn
Den Schützer ihrer grauen Rechte, sprachen:
„Sei unser Führer, Friedrich Hermann!"
Er wollt's. Da ward der deutsche Bund.

Aber immer grauer wird deine Locke,
Einziger, nieausgesungner Mann!
Dein Haupt nikt unter deiner Thaten Gebürglast.
Bald wirst du liegen in deiner Väter Gruft,
Und der Unsterblichkeit Ruh' wird über dir säuseln.
Voran sind schon deiner Helden viele gegangen:
Dessau, Schwerin und Winterfeld,
Und Keith, und Kleist, und Seidliz, und Ziethen,
Harren deiner im Tempel der Gröse.

Stark kämpftest du den Kampf des Lebens.
Stark wirst du kämpfen den Kampf des Todes.
Deinen Herrschergeist gab dir Gott,
Erhalten wird dir Gott
Diesen Herrschergeist.
Huldlächlend wird Er deiner Seele sagen:
„Du schwurst im Drange der größten Gefahr,
„Als König zu denken, zu leben, zu sterben!
„Und Wort hast du gehalten. —
„Man bring' ihm die Krone,
„Die leuchtender stralt,
„Als alle Kronen der Erde!! —
„Denn Friedrich, meines Lieblings Geist,
„Ists werth — ewig Kronen zu tragen."

Lina

Lina
an die Unschuld.

O Unschuld, du Engel vom Himmel gesandt,
Mit goldenem Gürtel und weissem Gewand.
Gespielin der Frommen, der Seeligen Lust,
Komm, Göttin, in meine jungfräuliche Brust.

Wenn Wollust die Schlange so lieblich gefleckt
Sich unter die Blumen des Frühlings versteckt,
Und eh' sie sich rüstet zum tödtlichen Stich,
O himmlische Göttin, so warne du mich!

Und führe mir einstens den Jüngling, wie du
So freundlich, so edel zum Bräutigam zu.
Und endlich so bring mich an rosigter Hand
Hinüber, o Göttin, ins wonnige Land.

Trax.

Der Dichter.

Blas die Trompete, Zeitungsschreiber,
 Trax gab einmal
Für hundert Arme — Männer, Weiber
 Ein stattlich Mittagmal.

Der Zeitungsschreiber.

Taratara! Taratara!

Dichter.

Auch warf mit eignen Händen
 Der Menschenfreund und Christ
Gewand um manche nackte Lenden. —
 Blas die Trompete, Novellist! —

Zeitungsschreiber.

Taratara! Taratara!

Dichter.

Trax unterstüzet Wittwen, Waisen,
Die ihn mit ihren Thränen preisen;
Sag's laut, o du, der Lüge Sohn,
Du weißst, Trax liebt Trompetenton.

Zeitungsschreiber.

Taratara! Taratara!

Eine Stimm' im Himmel.

Nimm hin die Krone, die dort stralt,
Trax hat sich selbst mit Wind bezalt.

Mendelssohn.

Als Mendelsohn, der Weise, starb;
Da stralt' ein Geist des Himmels zu der Seele
Des Weisen. „Komm, und folge mir!"
Wie Silberglockennachhall sprachs der Geist.
Er führte dann die Seele durch des Todes
Graunvolles Nachtthal, wies der Staunenden
Bei seines Kristallstabes Schimmer — die Zer=
                              stbrung
Der Sünde in den Klüften des Scheols,
Wo die Verwesung nagt, Verzweiflung brüllt,
Wo gelbe Bäche aus den Rizen schwarzer
Mit Moos bewachsner Felsen schäumend stürzen;
Wo aus der Menschenschädel hohlem Auge
Die Otter züngelt, wo gefleckte Kröten
Sich gurglend blähn bei Menschenäsern.

„Wer wird einmal zerstören dies Geklüft
„Voll Jammer? athmet Mendels Seele."

                              Der

Der Einzige, der hat die Schlüssel
Der Hölle und des Todes, sprach der Engel.
Führte dann des Weisen Seele durch die Räume
Des Himmels.

    Staunend sah' der Denker
In der Schöpfung Weite Raums genug
Für alle Wesen — Welten, Geister,
Sich drinn zu wälzen. Gottes Nähe
Durchschauert ihn. „Du bist Jehovah!"
Sprach die Seele, küßt' der Rechte
Aufgehobne, Lichtbeströmte Finger.
„Du bist Jehovah! Hab so oft gefühlt
„Im niedern Erdenthale diese grose Ahndung.
So lispelt' Mendels Seele und verstummt. —
Sie kamen vor des Himmels Sonnenpforte,
Eloa öffnet' sie. Der Führende
Und der Geführte traten schaurend hinein.
Ein Menschensohn, der Schönheit und der Gröse,
Der reinsten Güte Urbild stand vor Mendelssohn.

„Aus meinem Stamme bist du nach dem Fleische,
Sprach eine Stimm', der Liebe Wiederhall.
„Ich kenne dich, bist aus dem Volke, dessen
„Haß ans Kreuz mich schlug. Du hast auf
     Erden
„Mich nie gekannt, doch nie gelästert.
     „Drum

„Drum wähl' ich dich aus Tausenden,
„Um früher dir zu sagen: Ich bin dein Bruder!
„Bin Jesus Christus! Bin dein Bruder!!
„Nach Wahrheit lechztest du; komm, fall' an
　　　　　　　　　　　　meine Brust.
„Hier findst du sie! — Nach Schönheit strebtest du.
„Sieh hier der Schönheit höchstes Ideal.
„Nach ew'gem Heil und Leben rangest du;
„Komm! — ew'ges Heil und Leben geb ich dir!
„Als du des Abfalls Greuelfolgen sahst
„Dort im Scheol, im Todtenbeingeklüft;
„Da weinte deine Seel'; o weine nimmer.
„Bald führ' ich sie, als Todesüberwinder
„In ihrer Ordnung die Gestorbnen alle
„Herauf zu mir. Mir ist gegeben
„Im Himmel und auf Erden alle Macht. —

„Geh nun, ich weihe dich zum Lehrer
„Der Todten deines Volkes, die mich einst
„Im Erdenthal verkannten, mich verspotteten,
„Der für sie blutete."

　　　　　　　　　Und Jesus schwieg.

Ihr Erdendichter mit der Harfe, drinn
Der Holzwurm nistert; o das singt ihr nicht: —
　　　　　　　　　　　　　　　　　Ihr

Ihr Engel all', mit Goldbespannten Harfen,
Mit Lichtbeströmten Lippen; o das singt ihr nicht,
Was Mendels grose Seele da empfand,
Als sie zu Jesus Christus Füssen lag,
Und seine tiefe Schaam, sein Thränenstrom
Die ganze Strafe der Verläugnung war.

Todengräberidylle *).

Düster hieng die Nacht an dem Himmel: nur seltne Sternlein blickten durch ihr rabenschwarzes Haar, und der Mond warf blutige Stralen von ihrer Wolkendurchfurchten Stirne. Da schauffelten Niklas und Veit, die Todtengräber, ein Grab auf für Wilhelm, den besten der Jünglinge. Er war im Mai seiner Jugend gestorben. Gleich dem jugendlichen Halm auf dem Felde hub er sein goldlockigtes Haupt im Kreis seiner Brüder: aber der Sturm des Todes kam, und zerknikte den blühenden Sprösling.

Klage

*) Ist von meinem Sohne Ludwig Schubart auf der Carlsuniversität zu Stuttgart. Wenn nicht Erfindung, Fantasie, genießne Sprache, Herzschlag, gute Anordnung und schickliche Ausführung diese Idylle empfiehlt; so muß ich auf die Vaterfreude Verzicht thun, mit der ich meinen einzigen Sohn hiemit dem Publikum vorführe.

„Klage mit mir, du Sohn der mildern Seele! Laß unsern Klaggesang tönen wie den seufzenden Wind im Geklüft, — wie das düstre Gemurmel des Wüstenquells; — Klage mit mir um Wilhelm, den schönsten der Jünglinge, der im Schimmer der Jugend dahinsank." —

Jezt bereiteten ihm sein Vater und seine jammernde Mutter den Leichenzug: — und sein kleinerer Bruder fragte:

„Lieben, was schläft er so lange?"

Aber die Todtengräber beim düstern Schein der Laterne enthuben dem Boden beinvolle Klumpen, und begannen das Gespräch der Einfalt:

Niklas. Höre mich, Nachbar! mir schaudert immer, wenn ich diese Schauffel hebe. Oh es ist was entsezenvolles um den Tod!

Veit. Ja wohl ist es so. Ich nähre mich schon zwanzig Jahre von diesem Gewerbe, — und noch immer treibt mein Blut eißkalt ums Herz zusammen, wenn der Mann im schwarzen Mantel ein Grab bestellt.

N.

N. Ach was ist das Leben gegen den Tod?
„Das Leben — so hört' ich Petern den Greisen einst singen, als sich die Jünglinge um ihn versammelt hatten, — „das Leben gleicht einem Baum im Frühlingslichte. Lieblich hebt er sein weisses Haupt in die Lüfte, die um seine Zweige gaukeln, und sich mit Düften beladen. „Du bist schön!" spricht der vorübergehende Wandrer. Du gleichst einem Jüngling, der in den Locken der Jugend frohlockt. — Noch schöner wirst du seyn, wenn der Herbst sein Füllhorn über dich ausgießt, und die Thauversilberten Blätter um deine goldne Frucht her spielen: — O dann gleichst du dem blühenden Mann mitten unter seinen rothwangigten Kindern. —

V. Das ist schön und wahr, was der Alte sang; — o rede weiter, mein Niklas!

N. „Aber — so fuhr er fort — die Söhne der Menschen kommen, und pflücken dir deine Frucht: es kömmt der Herbststurm, und raubt dir deine glänzenden Blätter. Traurig hangen dann deine schwarzen Aeste in die Luft; der Odem des Winters macht deine Säfte stocken; — bleich hängt die Wintersonne über deinem beschneiten Gipfel.
„Du

„Du gleichſt dem Tode!" ſeufzt jetzt der Pilger, und eine Thräne zittert in ſeinem Bart.

V. Aber ſag mir, du Lieber, — denn Petern lieben die Muſen; oft entfalten ſie ihm die dunkelumfloſſene Zukunft in Geſichten der Nacht — ſag mir, was ſang der Greis vom Leben nach dem Tode? Werden wir uns da wohl auch noch freuen, und einander lieben? — oder werden wir liegen bleiben im lichtloſen Schlunde des Grabes? — — Wird nimmer der klare Morgen wie ein Schäfer über uns kommen, und die Hand uns reichen zum Tagwerk? Wird nimmer der holdſelige Abend Kühlung auf unſre brennende Stirne wehen, und uns nach Hauſe geleiten? Ach, müſſen wir liegen bleiben in kalter Erſtarrung, bis an jenem Tage der Odem Gottes das Grab befruchtet??

N. Stille, Freund! auch hievon ſang der trefliche Peter. „Tröcknet die Thränen, ihr Lieben, ſo ſprach er: wir werden nach dem Tode nicht ſchlafen: — Lüfte Gottes werden unſre Seelen umfahen, und ſie tragen in die Hütten des Friedens; dort in die funkelnden Welten, die die Nacht über uns aushängt. Denn ihr ſollt wiſſen, jene Geſtirne, die ihr erblickt, ſind Welten, und — wie unsre Erde bewohnt. Mit lieblicher Musik rollen sie all' um Gottes Thron her, und wiegen sich jauchzend in den Stralen, die von seinem Angesicht quellen: sie besprengen mit Licht unsre Nacht, und lächeln dem Pilger mitten in die Wildniß. Mit güldnen Sailen knüpfen sie die Seele des Weisen ans Vaterherz Gottes. Ach, wenn unsre Seelen dort droben nun landen, — so wird kein Seufzer mehr gehört werden; kein Elend wird aus zerfressener Wange keuchen; kein Jammer mehr aus der Tiefe röcheln. Das ewige Leben wird, wie ein Frühlingstag über den Kindern Gottes aufgehn, die Freude wird sie, wie Maienluft umflattern; Gott selber wird sich niederlassen auf dem Bogen des Friedens, und unter ihnen wandeln — ein liebender Vater. —"

V. O schweige, Freund, deine Worte brennen wie Flammen in meiner Seele. Wer da nicht gut seyn wollte? — Wer da sich die wenigen Schweißtropfen wollte reuen lassen, um auch 'nmal dahin zu kommen."

Als sie so sprachen, — da schwankte der Leichenzug schon ganz nahe über den Kirchhof. Bleich wehten die Fackeln im seufzenden Wind: die Weh=

klage

Klage wimmerte fernher durch die Luft, wie das Thränengemurmel des Felsquells im nächtlichen Wald.

Wilhelm hatte ein Mädchen geliebt. Nur wenige Wochen nach seinem Tode hätte sie die Liebe auf ewig vereinigt. Als sie ihn jezt niederliessen, da fiel das Mädchen bleich und ohnmächtig auf die Bahre hin — und wollte mithinunter ins Grab. O da zitterten die Stricke den Todtengräbern aus den Händen — und ihre Thränen flossen. Alle weinten um Wilhelm — denn er war im Leben so gut.

„Klage mit mir, du Sohn der mildern Seele!
„Klage — daß der Tod die Kinder des Lebens
„so hinrafft!!

Theons Nachtgesang.

In eines Eichenwaldes schwärzesten Nacht
Stand vor seines Geklüftes Eingang
   Theon, der Siedler der Wüste.
Unsichtbar schwebten Geister des Himmels um ihn.
   Da begann er seinen Nachtgesang:

  „Groß bist du, Riesin Natur.
  Deine Sohle ruht auf der Erde,
  Dein Scheitel bestreift die Sterne!
  Groß bist du, Riesin Natur!"

      Geister
Groß ist der Riese des Himmels!
Er sprach: Da sprang die Natur
Herauf aus des Undings Nacht,
Trat auf die Erd' und bestreifte die Sterne.
Groß ist Er allein, der Riese des Himmels!

                     Theon.

Theon.

Groß bist du, Mutter Natur!
Unaussprechlich ist deiner Zöglinge Zahl!
Der Eichenwald und das Blumenbeet,
Das tanzende Irrlicht und der zuckende Stern
    Ist dein Gebild.
Groß bist du, Mutter Natur.

Geister.

Groß bist du, Vater des Alls!
Du hubst den Cherub aus Flammen.
Aus blauem goldbeströmtem Dufte den Engel.
Der Wesen Zahl faßt kein Endlicher nicht.
Groß bist du, Vater des Alls!!

Theon.

Groß bist du, Mutter Natur!
Du greifst mit dem mächtigen Arme
In des Ozeans Tiefe:
Rührst sie auf, daß seine Woogen brüllen,
Und zornige Wellen den Rief schlagen.
Groß bist du, Mutter Natur.

Geister.

Groß bist du, Jehovah, alleine!
Du hältst den Ozean in hohler Hand
Als wär's ein Wassertropfe. Vor dir

Sinkt die Tiefe tiefer,
Die Höh' erschrickt und beugt sich vor dir.
Groß bist du, Jehovah, alleine!

Theon.

Was heult im Sturme?
Was winselt im Felsengeklüfte?
Spricht im Donner? fliegt im Blize?
Was wühlt die Erd' auf und schüttelt
Städt' und Menschen und Hügel weg,
Wie der Pilger den Staub vom Gewande?
    Bist du es nicht, Mutter Natur?
    Ja, groß bist du, Mutter Natur!

Geister.

Kennst du Jehovah, des Himmels Donnerer?
    Wollt' Er; so schrümpften die Himmel zu=
        sammen,
    Wollt' Er; so stäubte die Erd' ins Chaos.
    Und Riesin Natur faulte als Aas
    In des Abyssus Schlunde.
Groß ist Jehovah, des Himmels Donnrer allein!

Theon.

    Groß bist du, Mutter Natur!
Vor dir spielt Leviathan und Behemot,
Des Meers und der Erde Ungeheuer.

Um deine Hüfte schwebt der Adler,
Und in deinem Strale pipt das Küchlein
Unter der Gluckhenne Fittich.
  Groß bist du, Mutter Natur!

Geister.

Groß ist Jehovah allein!
Was athmet, athmet durch ihn.
Von ihm strömt Feuer
In alle Adern der Schöpfung aus.
Durch ihn schlagen die Pulse der Wesen
Hoch auf und preisen den Schaffer der Leben.
  Groß ist Jehovah allein.

Theon.

  Groß ist Mutter Natur!
Sie gibt dem Riesen Knochen von Stahl.
Kleidet die Schönheit in Weiß und Roth.
Nimmt Flammen von Gottes Altare,
Und schafft Zaubrer mit Pinsel,
Meisel und Richtscheid. — Dichter
Fahren auf im Gefühl ihrer Kraft.
Und Harmonia's Lieblinge
Fesseln Menschenseelen an ihr Saitenspiel.
Ja, groß bist du, Mutter Natur.

Geister.

Groß ist Er, der Vater der Geister allein!
Was sind die Geister der Erde
Im Denken, Schaffen und Bilden
Gegen die Geister des Himmels?
Des Menschen feurigster Geniusstral
Wird in der sonnigen Gluth
Eines Engelauges — Dämmrung.
Und vor ihm, dem Vater der Geister,
Sind doch die Geister alle
Nur Funken von der Feueresse stäubend.
  Erkenn' es, Mann von Staube,
   Groß ist Jehovah allein!

Theon.

Ja, groß ist Jehovah, der Vater der Geister allein!

Geister.

Alle Erdengrösse, die an Ihm sich hinaufmißt,
Leckt seine Fußsohle kaum.
Er sezt seine Rechte wie einen Zirkel
In die Mitte des Alls und umschreibt die Räume,
Drinn sich wälzen die Riesen des Himmels,
Drinn sich wälzen die Riesen der Erde.
Theon, du Mann von Leim, auf des Welt=
    gerichts Waage

Ent=

Entscheidet nicht Grösse; Güte entscheidet.
Verdien' du's, daß die goldne Schaal dir zucke.

   Theon und die Geister.
Groß ist Jehovah allein, der Wesenvater allein!!

So scholl ihr Wechselsang im Eichenwalde,
Des Mondes Silberschild hieng hoch und hehr
Ueber den schwarzen Wipfeln der Eiche.
Der stralende Gürtel des Himmels, die Milch-
     straße,
Wölbte sich sanft um Theons Haupt.
Alles schwieg.
    Die Geister schlüpften
In eines Gewölks fliessendes Silber.
Und Theon legte den bebenden Finger
Auf den Mund — und verstummte.

Frischlin *).

Wo liegt Frischlin, der Bruder meines Geistes,
 Wo scharrten sie des Edeln Asche hin?
Wo ist sein Grab mit stillem Moos bewachsen?
 Wo liegt Frischlin?

Er schlummert nun — vielleicht auf einem Anger!
 Dann Fürstenhaß lag auf ihm Hügelschwer.
Und Pfaffen brüllten über seiner Leiche:
 Verdammt ist er!

Und

―――――

*) Der Literator würde mich dauren, dem ich's erst erweisen müßte, daß Frischlin ein vortreflicher Kopf war. Der Dichter, Redner, geschmackvolle Philolog, — noch mehr, der Märtirer für die Wahrheit, einigte sich in ihm. Noch hat er weder Monument, noch Biographen. Also, einstweilen nur diese Roßmarinstaude auf sein Grab! —

Und doch, Frischlin, hat dir vom Aug herunter
　　Der Aetherstral des Genius geflammt.
Und besser warst du, als die Hasser alle,
　　Die dich verdammt.

Als Knabe schon griefst du mit kühnem Finger
　　Ins Saitenspiel. Als Jüngling wirbelst du
Der Lyra Stralen. Deine Töne flogen
　　Den Wolken zu,

Die um den Mond wie Silberduft sich ziehen.
　　Versammelt waren Roma's Dichter drauf.
Sie stuzten: Aus den Wäldern der Barbaren
　　Steigt Sang herauf?

Dir hat Apoll, wie Plautus, deinem Bruder,
　　Mit eigner Hand den Sokkus angeschnürt.
Und Jokus hat in seinen Nektarkeller
　　Dich selbst geführt.

Er reichte dir in einem Faunenhorne
　　Des Göttertrankes viel. Da stieg dein Herz
Herauf ins Antliz, und die Lippen trofen
　　Von hellem Scherz.

Dich hat Homers und Maro's Geist belächelt,
 Und selbst der Geist des stürmenden (Pindar.)
Es seegneten der Alten Geister alle
 Dich unsichtbar.

Dein Auge sah nicht mit dem Scholiasten
 Nur Wörterkram und Periodenfluß.
Es sah das Schöne; sah das Wetterleuchten
 Des Genius.

Wie silbernes Geträufel aus den Wolken
 War deine Red' im vollgedrängten Saal.
Die Wahrheit schien ein Schwerdt in deinem Munde,
 Ein Wetterstral.

Als Römer schriebst du; aber deine Seele
 Voll Vaterland, liebt deutschen Biderton.
Du sprachst den stolzen purpurnen Tirannen
 Ins Antliz Hohn.

Da schlug Gewaltthat dich in Eisenfessel.
 Sie gieng voll Hohn um deine Gruft herum,
Und brüllte: Ha, da fault er nun, mein Hasser,
 Auf ewig stumm.

Du

Du aber schnellst mit wuthbeflammten Händen
　　Die dichtgeringte Eisenlast entzwei.
Entreißst dich muthig durch des Kerkers Quater
　　Der Sklaverei.

Doch ach! an eines grauen Felsen Wurzel
　　Fand er, der Edle, seinen Märtrertod.
Ein Winzer sah den Dichter blutig liegen
　　Im Morgenroth.

Wo ruht er nun, der Bruder meines Geistes?
　　Wo scharrten sie des Edlen Trümmer hin?
O sagt mir's, daß ich ihn mit Thränen salbe:
　　Wo liegt Frischlin??

Denkmal
in Wingolfs Halle.

Sanft fliesse mein Lied, wie die schimmrende Zähre,
Wenn des bessern Lebens Ahndung
Durch die Seele mir bebt. Ich weihe der Freund=
schaft
Dies dankbare Lied. Nicht geschaffen, um stablos
Durch des Lebens Wüste zu wallen;
Gab mir Gott Freunde. Wie preiß ich den gött=
lichen Geber!

Gottesfreuden fühlst du, Bilder des Herzens,
Wenn der Bruder vor dem Bruder steht;
Wenn Herzblut seine Wange tuscht;
Wenn zarter Liebe Flamm' im Auge zuckt.
Wenn Freunde am Halse sich weinen,
Und im unnennbaren Wonnegefühl verstummen.

Auch

Auch mir gabst du dies Wonnegefühl;
Wie preß ich dich, göttlicher Geber!

Als goldgelockter Knabe schon
Lag ich den Brüdern am Busen, und horchte,
Wenn der Busen hörbar aufschlug
In den Simpathien der Freundschaft.
Konnt's aber nicht sagen, wie so seelig ich war.

Der Jugend Stral verklärte mein Antliz,
Da fand ich in Rhäziens Gauen
Unter den Jünglingen — Donauer, dich!
Mit der Siriusgluth im Aug' und mit der Goldharf.
Aber weh' mir, du Lieber, ich sah im Sarge dich
                      liegen
Mit der blonden Lock und der schweigenden Lippe.
Dich weinte Thilo, dein Lehrer. — (Auch mei=
                      ner war er! —
Himmlischer Hüter, der um mich schwebt,
Eile und sag' es dem redlichen Lehrer,
Daß ich weinend ihm danke in des Kerkers Kluft.)
Nun irrt ich Verlaßner ein Schatten umher
Und wies dem Himmel meine Wunde.

Am Strande der Pegniz kam Grieß, der Treue,
Träuft in die ofne Wunde Balsam und schwur mir
Auf meiner Väter Leichensteine
Der Freundschaft ewigen Bund! —

Wer ist der Mann, der mit den Lämmlein im Thal
weidet?
Wie er so ruhig vom Antliz
Der schönen Natur gen Himmel schaut!
Ihm horcht die Nachtigall, ihm lauscht die Lerche,
Wenn sein Lied voll Unschuld auf den Lippen ihm
lächelt.
Ist's nicht mein Krausenek, der mit den Lämmlein
weidet?
Ja, ja, er ist's! Wie fromm ist seine Muse!
Dem bethenden Mädchen gleicht sie
Vom purpurnen Morgen geröthet.
Du schwurst mir, Edler, Freundschaft vor dem
Himmel.
Gehalten hast du deinen grosen Schwur.
Fern hörtest du des Freundes Fessel rasseln,
Da weintest du und deine Dafne mit.
Ich aber bethete für dich
Auf meines Kerkers nachtbeströmtem Boden.

Böse,

Bökh, der mit goldenem Stabe die Jugend
Durchs Labirinth des Lebens leitet,
Und ihr zeigt der Wandrung Ziel
Des Himmels goldne Pforte;
Nicht durch's Blut allein; zerrinnt nicht Blut im
Grabsand?
Durch des daurenden Geistes Züge gelockt,
Nenn' ich dich Freund! Es hör' es der Himmel! —

Von eines Felsen Rücken sah Schülen, der Weise
Gen Himmel, um unter den Sternen
Groß zu ziehen seinen Geist.
An seiner Seite staunt' ich; da nannt' er mich
Freund.
Von der Leidenschaften Wuth,
Wie von der Windsbraut gewirbelt,
Verkannt' ich oft den Freund, der neben mir stand,
Und die Rechte mir bot.
Doch, als des Herzens Stürme sich legten,
Hob Miller mich aus dem schwankenden Kahne
Und umarmte mich träuflend am Ufer.

O lohn' es dem Sanften, dem Stillen,
Den des Seelenfriedens Maiennacht umsäuselt,
Lohn' ihm der Freundschaft Treue, Bilder des
Herzens!!

Kann ich schweigen von dir, Kozner,
Mann von schönem Geiste und schönerem Herzen,
Dem so manche That, im Sinne Christus gethan,
Voran in die Ewigkeit flog, um Gestein
In deiner Krone zu werden? —

Auch Er, Müller, der Maler mit Flammen;
Er nehme die Feder, oder den Pinsel,
Streckt' aus der Ferne seinen Arm
Und schwur mir Freundschaft
Mit der Treue rauhem Handschlag.

Soll ich dich nennen, Fühler des Schönen,
Harmonischer Junker? — Und dich,
Groß, mit dem Bruderherzen,
Draus dir wie Goldthau
Des himmlischen Mitleids Zähre quillt? "Dich,
Afsprung, Plato's Vertrauter,
Mit der Brutusseele, voll zürnender Wahrheit?
Und dich, Stäudlin, dem das Schlänglein Spott
Um die Lippe sich windet?
Ach, könnt' ich Euch vergessen,
Harmonia's hohe Vertraute!
Dich Saitenstürmer, Colli,
Und dich Tonlenker Cannabich, dich!
(Vor Voglers Geiste beugt sich mein Genius,

Er

Er belauschte der Natur allgebährenden Einklang)
Schwebt nicht vor mir, Schwarz, deine Seele
  vorüber?
O du, der den murrenden Fagot
Zur Würde des Menschensangs hob? —
  Euch allen drückt' ich weinend die Hand
Und nannt' euch Brüder! — o seid es mir ewig!!

Auch in des Kerkers Schauernacht
Trat die Freundschaft, vom Himmel gesandt,
Und hellte meine Zährengrotte auf.
  Hahn, o du mein Lehrer und Freund,
Kamst du nicht mit der Brudermiene zu mir,
Und zeigtest mir die Herrlichkeit Christus?
Und unsrer Bestimmung Serafsflug?
Von deines Geistes Bliz geleitet
Sah' ichs in mancher Tiefe dämmern,
Hahn, o du mein Lehrer und Freund,
Sei mir geseegnet! Sei mir mit Thränen geseegnet! —

Unter dem Eisenharnisch des Krieges
Schlägt manches Herz lauter und heisser,
Als unter der friedlichen Kutte.
Auch mir bot mancher Krieger die Hand: —
Sein rauher Handschlag war mir theurer,
Als des Weichlings samtner Händedruck.

Des Todes Gestalt ist greulich;
Aber sich trennen von seinen Geliebten,
Ohne des Wiedersehens Trost
Wäre Gehenna's Fluch.

Doch ich werd' euch alle wieder finden!
Des ewigen Geistes geheimerer Lispel
Weissaget es mir; ich werd' euch alle
An der Lebensbäche duftenden Ufern
Wieder finden! — Und auf ewig!! — Wonne,
Wo verjährter Sitte Zwang uns nimmer fesselt;
Wo das eiskalte Sie den Bruder nicht scheucht;
Wo im geselligen Du verschwisterte Seelen
Wie Thautropfen zusammenrinnen: —
Ja, ich werd' euch, meines Herzens Erkohrne,
Einst am Halse hangen; werde weinen
Des ewigen Bundes Zähre,
Der innigsten Freundschaft glühende Zähre.

So häng' dann hier, mein Saitenspiel,
    An dieser braunen Wand!
Verstumm' mit dem lezten, bebenden Laute:
    Freundschaft und Liebe!

Innhalt
des zweiten Bandes.

Erstes Buch.

	Seite.
Prolog und musikalischer Epilog am Geburtsfeste des Herzogs zu Wirtemberg, 1782.	3
CARLS Name, gefeyert von der deutschen Schaubühne zu Stuttgart, 4. Nov. 1784.	29
Das wunderthätige Cruzifir, Legende.	36
Bei der Einweihung der Soldatenkirche zu Ludwigsburg.	56
Bei Einweihung der Carlsuniversität, als zugleich sich die Nachricht von Oetingers Tod verbreitete, 1782.	60
Selmar an seinen Bruder.	62
An Schiller.	68
Der ewige Jude: eine lyrische Rhapsodie.	72
Die Fürstengruft.	78
Aderlässe.	84
Palinodie an Bacchus.	86
Gottes ewiger Rathschluß.	91
Die Aussicht.	97
An den Mond.	99
Die Linde.	106
Preis der Einfalt.	109

Zweites Buch.

Fluch des Vatermörders. Eine Romanze. 123
Der Gefangene. 131
Jupiter und Semele. 134
Die Forelle. 139
Der Reichsadler: ein aufgelöstes heraldisches Räthsel. 141
Der Bettelsoldat. 143
An Prinz Ferdinand von Wirtemberg. 146
Ein Gespräch auf dem Schiffe. 150
An den Tod. 154
An Herrn Bidermann aus Winterthur. Ein Impromtu 158
Frage. 161
An General von Bouwinghausen. 163
Auf die Messiade. 167
Mädchenlaune. 169
Meinem Freund R** am grosen Freyheitstage geweiht. 171
Minchen beim Grab ihrer Mutter. 174
Warnung an die Mädels. 178
Der Frühlingsabend. 180
Der gefangene Sänger. 182
Ehlicher guter Morgen. 185
Ehliche gute Nacht. 187
Physiognomik der Todenschädel. 190
Der Arme. 191
Die Zärtlichkeit an Luise. 193
An mein Klavier auf die Nachricht von Minettens Tod. 197
Serafina an ihren Schuzgeist. 201

Lottens

Lottens Wiegenfest.	205
Theon an Wilhelminen.	209
Serafina an ihr Klavier.	211
An Regina, als sie krank war.	214
An meine Gattin in einer Krankheit.	217
Das Mutterherz.	222
Der Tod Franciscus des 1sten.	223
Oetingers Mantel.	235
Oetingers Todtenmaal.	237
An die Tonkunst.	239
Todtengesang auf den General von Rieger.	242
Der kalte Michel.	247
Winterlied eines schwäbischen Bauerjungen.	252
Lisels Brautlied.	254
Schwäbisches Bauernlied.	257
Der Bauer in der Erndte.	260
Serafina's Weihgesang.	262
Am Reginatage.	266
An Serafina.	268
Die zwo Schwesterseelen.	273
Mein leztes Wort an Regina.	276
Ihr Fest.	280
An Herrn General von Hügel.	282
Auf Scheelers Tod.	286

Drittes Buch.

Am Geburtstag meiner Gattin.	293
An meinen Sohn am Ludwigstage.	299
Meiner Julie.	303

Ee 4   Schlacht=

Schlachtgesang eines rußischen Grenadiers nach der
    Schlacht bei Chozim.   305
Der Wolf und der Hund.   310
Der Hahn und der Adler, eine Fabel ohne Moral.   312
Der sterbende Indianer an seinen Sohn.   315
Jupiter. Eine Antike.   317
Frühlingslied eines Greisen.   319
Der Wanderer und Pegasus.   321
Der gute Hausvater.   322
Der Patriot und der Weltbürger.   323
Türkengesang.   325
Das Glück der Empfindsamen.   328
An Guibal.   331
Yorik.   333
Der Rückfall.   336
Die Freyheit. Ein Mährchen.   339
Etwas aus dem Thierreich. Eine pädagogische Fabel. 341
Der erste Schnee.   343
An Chronos. Im May.   345
An Lucia.   347
An Zilla.   348
Froschkritik. Im antiken Geschmack.   350
Freyheitslied eines Colonisten.   353
Der gnädige Löwe.   355
Die Erscheinung.   356
Der Bauer im Winter.   358
Mährchen.   361
Der glückliche Ehmann.   366
Deutsche Freyheit.   370

Der Pilger.	375
Der Hirten Lied am Kripplein.	387
Adams Trost.	389
Todenmarsch.	392
Demuth.	395
Friderich der Grose. Ein Hymnus.	398
Lina an die Unschuld.	407
Arar.	408
Mendelssohn.	410
Todtengräberidylle.	414
Theons Nachtgesang.	420
Frischlin.	426
Denkmal in Wingolfs Halle.	430

Verzeichniß der Herren Subscribenten.

(Nach der Zeitfolge.)

Ihro Durchl. Hr. Markgraf Wilhelm Ludwig von Baden.

Ihro Durchl. der reg. Fürst von Schwarzburg-Rudolstadt.

Ihro Durchl. die Frau Erbprinzeßin von Schwarzburg-Rudolstadt.

Ihro Durchl. der reg. Fürst von Hohenzollern Hechingen. Ihro Durchl. die reg. Fürstin von Hohenzollern Hechingen.

Ihro Durchl. der reg. Fürst von Fürstenberg. Ihro Durchl. die reg. Fürstin von Fürstenberg.

Ihro Durchl. die Fürstin Caroline Reuß, in Schleiz.

Ihro Durchl. Prinz von Coburg, Herzogl. Wirtemb. Generalmajor.

Ihro Durchl. Prinz August v. Sachsen-Gotha.

Ihro Durchl. Prinzeßin Friderike v. Hohenloh Kirchberg.

Ihro Durchl. Prinz Eberhardt von Hohenloh Kirchberg.

Aalen.

Aalen. Hr. Burgermeister Rieder. „ Burgerm. Veil. Hr. Burgm. Kaufmann. „ Burgm. Simon. „ Senator Holzbaur. „ Sen. Schwarz. „ Sen. Roschmann. Hr. Sen. Fürgang. „ Hofr. Wolf. „ Stadtpf. Hoyer. Hr. Diac. Vötter. „ Stadtschr. Schubart. „ Geh. Enßlen. „ Sen. Bezler. „ Sen. Koch. „ Posthalter Winter, jun. „ Apotheker Veil. „ Handelsm. Imm. Winter. „ Rößlenwirth Böhringer. „ Lammwirth Brucker. „ Im. Bezler. „ Ferd. Enßlen, Schönfärber. „ J. Kraft, Tuchmacher. „ J. D. Enßlen, Loderer. „ Adlerwirth Vorst. „ C. Kraft, Müller.

Aachen. Hr. Wildenstein.

Abtsgmünd. Hr. Amtmann Reeb.

Adelberg. Hr. Oberamtm. Hehl. „ Amtsschr. Kapf.

Adelshofen. Hr. Schultheiß Rupp. „ Schulm. Tretz. Hr. Mich. Seiz.

Alesheim. Hr. Pf. Hummel.

Altensteig. Hr. Oberamtm. Grüb. „ Amtspfl. Vischer. Hr. Forstser. Hörner. „ Adv. Eckard.

Amlishagen. Hr. Amtm. Bayerleins.

Anspach. Fr. Generalsup. Junkheim. Hr. Musikdir. Kleinknecht. „ Landger. Aff. Donner. „ Kammermus. Jäger. „ Kaufm. Eberhard. „ Senat. Balemberger. Hr. Kaufm. Balemberger. „ Landger. Assessor Utz. Hr. Kaufm. Burkes. Fr. Geheimderäth. von Wegmar. Hr. Kammerh. Freih. von Gemmingen, Excell. „ Landger. Aff. Bautner. „ Inform. Vogel. „ Prof. Faber. Hr. Kronenwirth Birnbaum. „ Kaufmann Veisbart. Hr. Stadtcantor Spath. „ Hofkammerrath Burkard. Hr. Geh. Rath und Oberhofm. Freih. von Türk, Excell. Hr. Lottoinsp. Schamberg. „ M. Degen. „ Administrat. Rath Hänlein. „ Kand. Brüzel. „ Geh. Rath Freih. von Pockel. „ Geh. Assist. Rath Lösch. „ Leibstallm. von Koelsheim. „ D. Med. Cramer. „ Hofr. Nagler. Hr. Stallsek. Türk. „ Obrist von Knebel. „ Kammeraff. Hildebrandt. „ Oberjägerm. Freih. von Schilling. „ Vicepräs. von Knebel. „ Prem. Lieut. von Knebel. „ Hofr. Freih. von Falkenhausen. „ Obristl. und

und Generaladjut. von Schlommersdorf. „ Hofapotheker Bruckner. „ Canzlist Höpel. „ Hofbuchdr. Messerer. Hr. Hofr. Feinemann. „ Rath Feuerlein. „ Hofkam. Rath Wetzel. „ Geh. Minist. Freih. v. Gemmingen Exc. Madem. Scheck. Hr. Kammerkanzleir. Greiner. „ Justizrath Wetzel. „ Kaufm. Löw. „ Reg. Regiſtr. Beck. Hr. Landger. Aſſ. Cramer. „ Geh. Kanzliſt Fiſcher. Hr. Cand. Hertel. „ Reg. Secr. Hoffmann. „ Hofs und Reg. Rath Lösch. „ Reg. Reg. Rehm. „ Proceßrath Schegl. „ Catechet Schnizlein. „ Rath Stengel. Hr. Geh. Reg. Rath und Präſident Freih. v. Wöllwarth. Hr. Kammerrath Kern. „ Kam. Aſſ. Weiß. „ Proceßrath Schneider. „ Reg. R. Roth. „ Archidiak. Roth.

Augsburg. Hr. Allgöwer. „ Adam. „ Bäumer. Hr. Uhrm. Bendele. „ Mauerm. Berger. „ R. Conſ. Biermann. „ Buchdrucker Brinhauſer. „ Brucker. Hr. Brandmaier. „ Franz. „ Diakon. Frauenknecht. Hr. Joſeph Graf Fugger von Kirchheim. „ Friederich. Hr. Bauamtsſchr. Geißler. „ Gerock. „ Senior und Paſt. Geuder. Mad. Gignour. Hr. Gignour. „ von Göritz. „ von Göz. „ hrm. Golling. „ Graf. Hr. Baron von Gröben, Kön. Pr. Lieut. Frau Gutersmann. Hr. von Gutermann. „ Gwinner „ P. V. v. H. „ D. v. I. H. „ Verw. Hainlin. „ von Halder. „ Buchdr. Hamm, jun. „ Hartmann. „ Diak. Heckel. „ Hoffmann. „ Hopfner. „ J. H. Kauffmann. „ J. D. Kauffmann. „ Kilian. „ Zimmerg. Koch. „ Kühnlen. „ Kröll. „ Lang. „ Lohs. Hr. G. F. Lotter. „ J. J. Lotter. „ Manner. Hr. Mayer. „ Meißner. „ M. Meißner. „ Metzler. Hr. Meyer. „ Actuar. Miller. „ Nettelbach. „ Neuß. Hr. Mart. Bühler, Kaufm. „ Hofkammer. Oeſtreich. Hr. Oſiander. „ Pfauz. „ Schauſp. Popſſel. „ Rathsconſul. Prieſer. „ von Rauner. „ Rittm. Ritſch. „ Röhm. Hr. Prof. und Biblothek. in Regensburg Rothhammer. Hr. Hofm. Schnizlein. „ Schropp. „ Commiſſ. von Seyfried. „ Buchhändler Stage. „ Steiger. „ Org. Stein. „ Schneider Stein. „ Paſtor Steiner. Hr. Paul von Stetten, jüng. Oberrichter. „ Albrecht von Stetten, des Raths. „ Phil. Chr. von Stetten, Aſſeſſor. „ J. Th. von Stetten, Aſſeſſor. „ Stettin. Hr.

Hr. Stuppano. „ Schlofferm. Tempel. „ Wagenseil.
Hr. Pf. Waser. „ Past. Weh. „ Weidner. „ Franz Carl
Freih. von Welden, Domh. „ Wilhelm. „ Hofrath
Zapf. „ Zeller. „ Oberamtsr. Werner. „ Jurist
Sutor. „ Hofzalmeister von Plank. Frau Gräfin von
Lerchenfeld. Hr. Pf. Kohlmann. „ Bar. von Donners=
sperg. „ A. Hartmann. „ Ger. Aff. von Grimmel.
Frau von Wachter. Hr. Geh. R. von Eib. „ Graf
von Fugger. „ von Fehr. „ Albert. „ Neger.
Hr. Trölsch. „ Zink. „ Greif. „ Dreret. „ Kirsch=
ner. „ Jaus. „ Bonz. „ Kriher. „ Huber.
Hr. Bickle. „ Ehmann.

Backnang. Hr. Oberamtm. Bühler. „ J. E. Bühler.
Hr. Rechgsprob. Knapp. „ Kaufm. Denzel.

Bahlingen. Hr. M. Reinhard. „ Rechgsprob. Leon=
hardter. „ Scrib. Gutscher.

Basel. Hr. Buchh. Liesching. „ Stierlin der H. B.

Bayreuth. Hr. Geh. Rath von Knebel. „ de la Che-
vallerie Kammerherr. „ Consistorialr. Seiler. „ Kam=
merregst. Krauseneck. „ Reg. Brumer. „ Pf. Prell.
Hr. Rathsdörster. „ Kammersecr. Cichel. „ Postmstr.
Fischer. „ Hofkammerrath Freudel. „ Procesrath
Karth. „ Reg. Rath Petermann. „ Comissionsrath
Moder. „ Reg. Rath Wanderer. „ Reg. Adv. Heim.
Hr. Scribent Wucherer.

Bayersdorf. Hr. Kriegscommissar Heinrichmayer.

Beilstein. Hr. Stadtschreiber Kreis.

Berleburg. Der reg. Graf zu Wittgenstein Verleburg.
Die reg. Frau Gräfin Ercell. Hr. Forstrath Hacken=
bracht. „ Reg. Adv. Rauffel. „ Kaufm. Wustenhofer.
Hr. Hofkommiss. Walter. „ Diehl der R. B. „ Kauf=
mann Schafer. Fr. Cabinetssecr. Sommer.

Bern. Hr. Landvogt Herport. „ Pf. Etrenglin. „ In=
strumentm. Apbenz. „ Hugo. „ Gebhardt. „ Heins=
mann.

Billingshausen. Hr. Pfarrer Hornschuer.

Bohnfeld. Hr. Actuar Miller.

Böblingen. Hr. Kammerth. und Oberforstmstr. v. Tropff. Hr. Oberamtm. Bloß. „ Bürgrmst Ritter. „ Amts= scrib. Hartenstein. „ Stadt= und Amtschreiber Schüz. Hr. Handelsm. Grafft und Stahl. „ Ablerw. Rau.

Brackenheim. Hr. Stadtschr. Seybold. „ Handelsm. Henis.

Brenz. Hr. Stabsamtmann Härlin.

Bretten. Hr. Notarius Conradi.

Buchsweiler. Hr. Capit. von Thelluson. „ Prof. Schweighäuser. „ Cammerdir. Stauch. „ Pf. Ernst und Bast. „ Kammerrath Jäger. „ Prof. Seybold. Hr. Amtsschaffner Gostenhofer. „ Dauth J. St.

Büdesheim. Hr. Amtmann Koch.

Büdingen. Excell. reg. Gräfin von Isenburg. Hr. Reg. Rath Hebebrand. „ Pf. Geller.

Burgbernheim. Hr. Cand. Gröbener. Jgfr. Böcklin.

Burtenbach. Hr. Baron von Schertel. „ Oberamtmann Bortsel.

Calw. Hr. Dokt. Gaupp. „ Substit. Reuß. „ Han= delsmann Nästler. Jgf. Jahnin.

Cantstadt. Hr. Stadtschreiber Hellwag.

Carlsruhe. Die Fürstliche Bibliothek. Frau Räthin Griesbach. Frau Hofräthin Bauer. Hr. Geh. Hofrath Mieg. „ Hofr. Schweikhard. „ Kammerrath Junker. Hr. Marq. von Montperny. Hr. Hauptmann von Ro= senfels. „ Oekonomierath Jauch. „ Geh Legat. Secr. Vierordt. „ Hemeling, Lehrer der Taubstummen. Hr. Rath und Geh. Cab. Sekr. Griesbach. „ Fr. W. Jlg. „ Hofrath Posselt. „ Dokt. Posselt. „ Hofdiak. Preuschen. „ Vollmann, Boech und Juzler, Stud.

Costanz. Hr. Rathsherr Abhart.

Crailsheim. Hr. Rath Cranz. „ Organ. Faber.

Culmbach. Hr. Justizrath Lange.

Däzingen. Hr. Hofrath Goullet. „ Hofgr. Adv. Schult= heis. „ Pfarrer Jungbauer.

Dinkels=

Dinkelsbühl. Fr. Geh. R. Kernin. Hr. Hofrath Busch. Hr. Major von Schäfer. „ Senator Kern und Hufner. Hr. Diakon. Mohl. „ Stadtammann Bauer. „ Protocollist Meißner. „ Pflegverwalter Mögelin. „ Cand. Steeb. „ Kirchenpfleger Drießler, Döderlin, Brunner, Bauer. „ J. F. Wildeisen. „ P. Krebs. „ M. Krafft.

Donaueschingen. Hr. Hauptm. von Auffenberg. „ Hofr. und Leibmed. Bosch. „ Cabinetssekr. Zepf.

Dornhan Hr. Probator Schickhard. „ Renovator Laudenburger.

Dorfkemmathen. Hr. Pfarrer Henneus.

Düsseldorf. Excell. Gräfin von Nesselrode. Hr. Geh. Rath Jakobi.

Durlach. Hr. Lieut. Käsberg. „ Commiss. Wohlmann. Hr. Scribent Häuser. „ Apotheker Bleydorn. „ Scrib. Müller und Zittel. „ Kronenwirth Schrott.

Ebersdorf. Ihro Exc. Frau Gräfin Reuß. Hr. Commissions R. Geller. Hr. Forstinspektor Keysler.

Ebingen. Hr Substitut Walz.

Ehningen. Hr. Pfarrer Leutwein. „ M. Schmid.

Eichstädt. Hr. Postsekr. von Handel.

Einsiedel. Hr. Hofmeister Schillermann.

Ellrich. Hr. Canzleidirector Goecking.

Emmendingen. Hr. Actuarius Reich. „ Landbaumeister Meerwein.

Engelberg. Hr. Oberforstamtssecr. Heuchelin.

Erfurt. Hr. Prof. Herel. „ Prof. Niesenborn.

Erlang. Hr. Notarius Deininger. „ Hofm. Bauriedel. Hr. Hofrath Groß. „ Postmeister Welß. „ Consulent Sommer. „ Hauptm. von Kotzebun. „ Geh. Kirchenrath Seiler. „ Hofrath Dreyer. „ Hofrath Schott. Hr. D. Rau. „ D. Hufnagel. „ Commerzienrath Kuster. „ Cand. Marzins. Se. Excell. Hr. Graf von Kastell. „ Prof. Loschge. „ Prof. Pabst. „ Buchhändl. Walther. „ Stud. J. D. von Schad. „ Stud. C. F. von

von Schak. „ Stud. von Baldinger. „ Thenn. Hr. Lang. „ Meno Valett. „ Stud. Loschge. Hr. Hofm. Much. „ Stud. Gebhardt. „ Stud. Auer. Hr. Stud. Hubel. „ Stud. Oppenrieder. „ Candidat Bachmann. „ Stud. Wucherer. „ Dokt. Schnizlein. Hr. Prof. Bayer. „ Stallmann. „ Hofschuhmacher Faßold.

Essek. Hr. Postsekr. von Eder.

Eßlingen. Die Herren Senator Nagel. Sen. Caspart. Sen. Böcklen. Hofspitaleinnehmer Weinland. Cantor Abt.

Feuchtwang. Die Herren Dechant Höppel. Rector Funk. Amtsschr. Wiedenius.

Firnheim. Hr. Pfarrer Roth.

Fluorn. Hr. Pf. M. Hübler.

Frankfurt. Die Herren Geh. Rath von Mettingh. de Neufville. von Ulmenstein. Stallmeister Runkel. Oberchirurg. Widermann. Baron von Brandenstein. Dokt. Wezel. Dokt. Gogel. Dokt. Wallacher. Buchhändl. Streng. Buchhalter Bechel. Fräul. von Cloz. Fräul. von Schmauß. Eine Gesellschaft ungenannter Freunde. Stüppel. Buchhdl. Brönner. Schmermer. Rittmstr. von Linstow. Legat. Rath von Rieße. J. N. Dufai. Hofkammerrath Haynoldt. Hartmann. Menschel. Sarasin. Brevillier. Major von Semer. Riedel. Jäger. Engelbach. Overbek. Krigenheimer. Beer. Kußner. Plaz. Kußner. Gogel. Wanzel. Hofkmrath. Kazner. Steiz. Koch.

Freudenstadt. Die Herren Oberforstmstr und Kammerherr von Weltershausen. Physikus D. Cammerer.

Friedberg. Ihro Ercell. der Hr. Graf Joh. Ludw. Vollrath von Löwenstein Wertheim, und Graf Friedrich Ludwig. Fr. Gräfin Charl. Heur. von Castel. Graf Joh. Carl von Löw. Werthheim. Graf Friedrich Ludwig zu Löwenstein. Graf Joh. Ernst Carl von Solms. Frau Gräfin von Solms. Erbgraf Vollrath von Solms. Die Herren Reg. Rath Walther. Lieut. von Nolting. Ho'm. Micht. Fr. Gräfin von Vassenheim. Graf Joseph von Vassenheim. Dokt. Schazmann. Sekr. Robt. Apoth. Schöns

Schönborn. Kammerrath Helmold. Amtm. Koch. Jnspector Röhm. Canzleyrath Preuschen. Amtm. Wieseuer. Fiscal Runkel. Postmstr Helmold. Hofr. Runkel. Amt. Geyer, Geh. Rath. Tabor. Rathsschöff Schmidt. Hofr. Koppen. Dokt. Sebastiani. Adv. Duising. Apothek. Wagener. Gastwirth Runkel. Rathsschöff Trapp. Amtm. Schenck. Pf. Graf. Pf. Leopard, Oberpfarrer Plitt. Conr. Kleberger. Archivar. Langsdorf. Erc. Graf Carl zu Leiningen Westerburg. Hofrath Knorr. von Livoneck. Geh. Reg. Rath Fresenius. Sekr. Venator. Registr. Birnbaum. Apoth. Trapp. Major Weckerling. Amtm. Zaunschliffer. Vapst. Gerichtsschreiber Fertsch. Registr. Mader. Rath Vansa. Kaplan Graf. Cand. Bornmann. Kaufmann Kümmich. Amtm. Dießsch. Ihro Durchl. die verwittibte Fürstin von Ysenburg. Ihro Durchl. die verw. Fürstin von Laubach. Fr. Gräfin Therese von Laubach. Lieut. Maley. Hofmarschall von Lehenner. Reg. Ass. Adolphi. Hofr. Reich. Hofverwalt. Prescher. Reg. Rath Seyd. Rath Habicht. Sekretair Buff. Mad. Leskaut. Reg. Direct. Grollmann. Graf Emil von Bentheim Tecklenburg. Gräfin Sophie Charlotte von Solms. Gräfin Carolline von Solms. Stud. Amelung. Stadtsekr. Bislamp. Commiss. Rath Veumann. Pf. Breidenstein. Synd. Buderus. Geh. Rath von Cronenberg. Consist. Rath Endemann. Reg. Prof. Eberhard. Ordensrath Floret. Reg. Rath von Fulde. Hofkammerrath Försch. Rath und Oberschultheiß Hille. Stud. Israel und Kuchenbecker. Prof. Justi. Archivrath Lachenwitz. Kriegs- und Domainenrath Piepenbrink. Reg. Rath Ries. Hof- und Reg. Rath Schönhals. Capier Schmitt. Synd. Scheffer. Lieut. von Thümmel. Dokt. Vietor. Hauptm. Vogt. Reg. Prokurator Wachs. Kammerdir. Usener. Pf. Schlarbaum.

Fürnsal. Herr Pfarrer Strasser.

Fürth bei Nürnberg. Die Herren Obrist Freih. v. Ried, Hofrath Roß. Posterpeditor Wegmann.

Gaildorf. Die Herren Reg. Rath Rener. Rentkammerrath Lavenstein. Regsekr. Müzel. Stadtkaplan Leube. Kammerrath Kern. Stadtschreiber Majer.

Gauerheim. Hr. Amtmann Breyer.

Geißlingen. Die Herren Obervogt von Schad. OAts Gegenschreiber Wagner. Helfer Jumpus. Stadtschr. Bühler. Bürgermstr Manner. Hauptzoller Bühler. Apoth. Rau. Löwenwirth Frauenknecht. Vikarius Ludwig. Amtmann Prieser. Kornschreiber Moschepssen. Amtsschreiber Glaß. Skribent Manner. Handelsmann Krähmer, und Hofang. Provisor Kiesel.

Gerabronn. Die Herren Amtsverweser Gratsch und Skrib. Bayerleins.

Gernspach. Die Herren Kast, geistl. Verwalter. Holzfactor Ettlinger. Handelsm. Umgelder.

Germersheim. Frau von Tautphoeus.

Göppingen. Die Herren Substitut Noennich, Jung und Auch.

Gotha. Die Herren Geh. Legat. Rath Lichtenberg. Hofrath Rousseau. Candidat Herder. Cand. Creder. Capellmeister Schweizer. Fräulein von Frankenburg. Schenk.

Gros Bottwar. Die Herren OAmtmann Frost. Stadtpfarrer Klein. Apoth. Nikolai.

Grunbach. Herr Doctor Knaus.

Günzburg. Freyherr von Rechberg.

Gunzenhausen. Hr. Cantor Wenig.

Haselbach. Hr. Wildenstein.

Hechingen. Die Herren Oberjägermeister Bar. Schilling von Cantstadt. Major von Hövel. Hofkaplan Springer. Regsekr Widmann. Hofkaplan Weiger.

Heidelberg. Die Herren Baron von Venningen. Baron von Knigge. Kirchenrath Mieg. Handelsm. Septsous. Maurer. Candidat Röbiger. Potgeisser. von Coppet. Matthison. Fräulein von Kettner. Frdulein von Hailsbronner. Assprung.

Heidenheim. Die Herren Physikus Brodbeck. Inspektor Brodbeck. Verwalter Ruoff. Licent. Ruoff. Substitut Ruoff. Oberamtsscrib. Löw. Subst. Weißmann. J. Mang. Inspector Hofmann. Hasenwirth Bacher.

Heil

Heilbronn. Die Herren Baron de St. André. Geh. R. und Amtsbgstr von Wachs. Reg. Rath Fischer Consul. Uhl. Consul. Lang. Stadtgerichtsassessor Sonnenmajer. C. A. Uhl. Pf. M. Hopfenstock. Rector Schlegel. Kaufm. Polz. C. G. Späth. W. U. Fischer, der H. B. Subst. Oesterlin, und Schröder. Probator Weißmann, und Sturm. Substitut Lindel.

Helmstätt. Hr. Mayer, der C. W. Besl.

Heubach. Hr. Substitut Hochstetter.

Heutingsheim. Die Herren Major von Kniestädt. Oberamtmann Mader. Pf. M. Christmann. Scrib. Recherwald. Substitut Brecht. Schulmeister Krüger, und Wulfert.

Hildburghausen. Fräulein von Wollzogen.

Hohen=Asperg. Fräulein Friderike von Hügel. Die Herren Genalmajor v. Hügel, Kommendant der Westung Hohen Asperg. Kammerh. und Obristl. von Beulwiz. Kammerh. und Obristwachtm. von Jett. Kammerh. und Obristwachtm. von Buttlar. Kammerh. und Hauptmann mit Majors Patent von Kaltenthal. Kammerjunker und Hauptmann von Schilling. Hauptmann von Schade. Hauptmm. von Seiffertiz und von Werkamp. Kammerj. und Hauptm. von Uttenhoven. Hauptm. Beurlin. Lieut. von Massenbach. Lieut. Scheidlin. Lieut. von Reizenstein. Lieut. Scharfenstein. Lieut. Kapf. Lieut. von Gloeden. Lieut. von Donop. Lieut. von Forstner. Lieut. von Schwarzenau. Lieut. und Adjutant Hoffmann. Lieut. Gaupp der ältere, und Lieut. Gaupp der jüngere. Lieut. Ringler. von Hügel der ältere. Hauptm. und Regimentsquartiermeister Steinheil. Lieut. und Auditor Habn. von Scheidlin aus Augsburg. Darelhofer aus der Schweiz. Baucontrolleur Barth. Regimentsfeldscherer Heinrici. Sergeant Dürr. Garnisonspred. M. Henninger. Stabskeller Rösler.

Höpfigheim. Die Herren Stabsamtm. Mayer. Stadt- und Amtsschreiber Günzler.

Homburg. Hr. Buchhändler Herrold.

Jarthausen. Die Herren Freih. G. von Berlichingen. Freih.

Freih. D. von Berlichingen. Freyfrau Maria von Berlichingen. Freyfrau Luise von Berlichingen. Consulent von Olnhausen. Hofm. Seiffert. Actuar Hammer.

Ingelfingen. Herr Reg. Rath Braun.

Ippesheim in Franken. Hr. Pfarrer Schlez, Demoiselle Friderike Schlez und Dem. Lotte Schlez.

Isny. Die Herren Rector Jäger. Bürgmeister Felix. Pf. Sprecht und Wagner. D. Xell. Cand. Schnapper. Lt Möhrlin. Feierabend. Klaiber. Gaumer. Gebhard.

Kaufbeuren. Hr. Stadtamtmann Bachschmid.

Kadolsburg. Hr. Kammerrath Rogner.

Kempten. Die Herren von Wogau. Zeller. Karg. Föhr. Die typographische Gesellschaft.

Kirchheim. Die Herren Stabsamtmann Moser. Physik. D. Osiander. Diak. M. Gmelin. Amtspfleger Krämer. Advokat Reichlin. Renovator Schlenker. Rechnungsprobator Lechner. Subst. Klett. Harpprecht. Helferich. Apotheker Gaupp. Förster Mayer. Tresz.

Kizingen. Hr. Zollbereuter Ebeln.

Kl. Heidenheim im Anspachischen. Die Herren Kl. Verwalter Furkel. Skrib. Ernst.

Koblenz. Hr. Concertmeister Lang.

Königsberg. Frau Obrist von Frankenberg. Frau von Schlaberndorf. Die Herren Baron von Eberstein. L. von Baczko. Kaufm. Schwarz. Kriegsrath Schlemüller. Amtsrath Kallenberg. Kaufm. Less. Buchhalter Reinecke. Kaufm. Oestreich. Kandidat Wielke. Thomson. Frau Regimentsfeldscher Kuphal. Praeceptor Sassenstein.

Königsbronn. Die Herren Oberamtm. Kausler. Faktor Wagner.

Laubach. Hr. Amtsvogt Kern.

Lausen. Hr. Oberamtmann Seiffert.

Leonberg. Die Herren Praeceptor Weissert. Rechnungsprobator Nast.

Lindau. Die Herren Rektor von Eberz. Postsel. Rauffer.

Lorch. Hr. Oberamtmann Scheinemann.

Löwen

Löwenstein. Die Herren Stadtschreiber Brückner. Subst. Grösmeissen.

Ludwigsburg. Die Herren Obrist von Dedel. von Hügel. Obristlieut. von Schell. Obristwachtm. von Varnbüler. Hauptm. von Salm, von Scipio, von Werkamp, von Milius, Zech; die HHrn. Lieut. v. Winkelmann, von Göler, Steeb, Schönleber. Reg. Rath Kerner. Oberhelfer M. Mutschler. Hauptmann Fromman. Stiftsverwalter Weckerlin. Waldhornwirth Mayer. Frau Apotheker Bischoffin. Advokat Paulus.

Maienfeld. Hr. Pfarrer Leube.

Maynz. Die Herren Regierungsrath Graf von Spauer. Obrist Graf von Hatzfeld. Frau Gräfin von Ingelheim.

Mannheim. Die Herren Geh. Rath Freih. von Dahlberg. Oberjägermstr Freih. von Hack. Handelsmann Seeber.

Marbach. Hr. Hofgerichtsadvokat Ambler.

Marlach. Hr. Oberforstmeister von Imhof.

Marschalkenzimmern. Hr. Pf. Roscher.

Mäßlach. Hr. Beamter Frosch.

Maulbronn. Die Herren Substitut Linde. Wagenau, d. W. W. B.

Meinungen. Die Herren Kammerh. und Oberforstmstr von Marschall. Fr. Geh. Rath von Wolzogen.

Memmingen. Frau C. von Wachter. Die Herren Gerichtsass. Grimmel. Gastwirth Reineck.

Menzingen. Hr. Verwalter Koch.

Merzbach. Hr. Pf. Stephani.

Michelfeld. Hr. Pf. Glaser.

Möckmühl. Hr. Stadtschr. Schober.

Mühlheim. Hr. Commissarius Salzer.

München. Die Herren Geh. Rath von Eib. Graf von Fugger. Graf von Perusa. Graf von Savioli. Graf von Nys. Geh. Rath von Eysenreich. Geh. Rath von Wachiery. Geh. Rath von Sorau. Oberlandregierungsrath von Aretin. Hofrath von Heppenstein. Commerzrath

rath von Schwaicher. Canonikus von Dilling. Hofrath Tireck. Hauptm. Freyh. von Schwachheim. Prof. Herzer. Hofrath von Essner. Hauptm. von Drouin. Hofr. Freyh. von Lerchenfeld Süßbach. Hofr. von Mayerhofen. Revisionsrath von Ofele. Dechant und Geistl. Raths Direktor Rumpf. Revisionsrath von Berger. Freyh. von Bartels. Geistl. Rath Kollmann. Hofrath von Okartshausen. Geh. Rath Graf von Turn und Taris. Oberlandregierungs-Präsident Graf von Seinsheim. Freih. von Rummel, Hofrath. Oberlandregierungspräsident Graf von Marowizky. von Fehr. Leibadjutant, Chevalier Thompson. Leibmedikus Bader. Gerichtsschreiber Knorr. Frau Gräfin von Baumgarten. Frau Gräfin von La Rosee. Frau von Lerchenfeld. Frau Gräfin von Riankourt. Fräulein von La Rosee. Geh. Kanzlist Schultes. Hofkupferstecher Heß. Musikdirector Cannabich. Geistl. Rath Steigenberger. Hofm. Weizenbeck. Arnol. Graf. Meringer. Moser. Schmid. Wörz. Zapf. Franz Albert. Keßler. Kobel. Madam le Brun. Mad. Schulz.

Münsingen. Hr. Substitut Müller.

Murrhardt. Hr. Stadtschreiber Bürger.

Nabern. Hr. Pfarrer Dorn.

Nagold. Die Herren Oberamtm. Abel. Kanzleiadvokat Hosacker.

Nattheim. Hr. Ochsenwirth Scheuerlen.

Neuburg an der Donau. Hr. Alois Neger, Rhetor.

Neuenstein. Hr. Expedit. Rath Englert.

Neuenbürg. Hr. Forstscribent Martin.

Neuhof im Bayreuthischen. Hr. Reg. Advokat Heim.

Niederalfing. Hr. Rath Endres.

Nördlingen. Die Herren Ammerbacher. Konrekt. Beischlag. Diak. Böck. Kammerh. von Bouwinghausen. Sekr. Brechenmacher. Lammwirth Desner. Assessor Düttel. Sekret. Düttel. Zeugm. Hetsch. Pf. Moll. Rekt. Scheufelhut. Schöpperlin, der W. B. Burgmstr von

von Tröltsch. Superint. von Tröltsch. Archidiak. Wolf. Färber Wünsch. Widenmann. Hartmann. Renovator Bauch.

Nürnberg. Die Herren Commerz. Rath Eckart. Amtsprokurat. Hummel. Oberpostamtsek. Herrfeld. Fr. Hunscr. Handelsm. Hinle. Zimmermann. Lorenz. Sommer.

Oberleiningen. Hr. Oberamtmann Demler.

Oberroth. Hr. Vikarius M. Kausler.

Oehringen. Die Herren Reg. Rath von Rieth Posthalter Beutenmüller. Apoth. Cranz. Sek. Krafft. Hofbuchdr. Holl. Canzlist Gerlach.

Oettingen. Die Herren Superint. Lang. Rektor Lang. Pf. Vogelsang. Präsident von Knösch. Helfer Schöner. Präc. Schöner, Lozbeck und Walther. Reg. Rath Bieringer. Hausm. Gütinger. Hofmed. Knörr. Hofkammerrath Mayerhöfer. Hofkammerrath Cammerer. Polizeirath Schlegel. Reg. Rath Preu. Lieut. Linder. Zöller, Wünsch und Hörner, d. W. W. B. Mögelein.

Obersteinbach. Hr. Pf. Obrister.

Pappenheim. Die Herren Ernst, Graf zu Pappenheim. Consistor. Rath Freyer. Consist. Rath Löblein. Consist. Rath Sonnenmayer. Pf. Noth. Canzleidir. Schnetter. Reichs-Posth. Schumm. Handelsm. Enich und Schmid. Amtsverwalter Kobolt. Pf. Kobelt. Amtsburgmstr Weberdorfer. Forstm. Steingruber. Sek. Mayer. Cand. Späth. Musikus Wagner. Organist Weberdorfer. Büchsenm. Linß. Schafeitel.

Pfaffenhofen. Hr. Pf. M. Schaller.

Pfedolbach. Hr. Geh. Rath Brecht.

Pforzheim. Die Herren Oberforstmstr von Röder. Hauptmann Gaupp. Hofrath D. Opser. Assess. Posselt. Forstverw. Braunstein. Rath Klose. Rechn. Rath Eisenlohr. Burgmstr Günzel. Hofrath Steinheil. Kaufm. Wohnlich. Schaffner Kummer. Chirurgus Koller und Schmid. Actuarii Oehlenheinz, Wippermann, Gerwig, Knüttel und Friderici. Die Lesegesellschaft.

Pfullingen. Hr. Amtspfleger Alber.

Pliederhausen. Hr. Förster Grunzert.

Rastadt. Hr. Geh. Registrat. Eichrodt.

Reichenbach. Die Herren Oberamtmann Heller. Amtspfleger Beck. Förster Binder.

Reichenberg. Die Herren Oberforstmstr von Moltke und Forstscribent Stimm.

Regensburg. Die Herren Comit. Gesandter von Grün. Graf von Sternberg. Graf Gros. Canzler Saur. Commerzrath Frey. Freyfrau von Streit.

Reutlingen. Die Herren Buchdr. Gretzinger. Substitut Gretzinger. Cand. Merk. Kaufm. Funk.

Rieth. Hr. Baron Kremppen von Freudenstein.

Rosenfeld. Hr. Oberamtmann Breuning.

Roth im Anspachischen. Die Herren Rath Grauß. Verwalter Saueracker.

Rudolstadt. Frau von Beulwiz.

Salach. Hr. Commerzienrath Dunker.

Salzburg. Hr. Zeitungsverleger Hübner.

St. Gallen. Hr. Steinmann.

Schaffhausen. Die Herren Dragonerhauptm. von Stockar. Amman. Hurterische Buchhandlung.

Schleiz. Die Herren Rector Müller. Hauptm. von Falkenstein. Archidiak. Franz. Conr. Walz. Capelldirect. Greiner. Küchenschreiber Henne. Kämmerer Fortdran. Kammerjunker Lein. Pauker Nüßle. Kornschr. Meß.

Schönweissach. Hr. Pfarrer Prell.

Schorndorf. Die Herren Expedit. Rath Bauer. Stadtschreiber Schmid. Bürgermstr Crafft. Diak. Mayer. Amtspfleger Jäger. Scribent Paulus und Kümmerlen.

Schwabach. Die Herren Hauptmann Köhler. Hoffam. Rath Greiner. Kammerrath Taurinus. Commerziens Rath Sterner. Oberkaplan Köhler. Münzwardein West-

Westphal. Comissar. Kalb. Verwalt. Berger. Stadtschreiber Bek. Cand. Memmert. Pf. Schöner. Scribent Darm.

Solitude. Die Herren Obrist von Naso. Rittmstr Dehn. Lieut. von Mylius. Hofjdmstr Stoll. Hofjäger Pleßing.

Stadamer. Hr. Apotheker Hergt.

Steinach. Hr. Pf. Bürger.

Steinheim. Die Herren Hofmeister Härlin. Förster Vohner.

Stöckenburg. Hr. Pf. Mayer.

Strasburg. Die Herren Licentiat Herrenschneider. Pasquay.

Stuttgardt. Ihro Excell. Baron von Wächter, Königl. Dänischer Gesandter. Excell. von Madenweiß, Königl. Preußischer Gesandter. Excell. Baron von Kniestädt, Baron von Urküll, St. Minister. Excell. Baron von Bühler, Geh. Rath. Die Herren Obriststallmeister von Schenk. Obristjägermeister von Bose. Generallieutenant von Stein. Generalmajor von Gabelenz. Frau General von Harling. Oberschenk von Baer. Obrist und Generaladjutant von Seeger. Obristwachtmeister von Perglas und von Stetten. Commissarius Bilfinger. Hofrath und Prof. Reuß. Prof. Abel. Prof. La Motte. Reg. Rath Elsässer. Exped. Rath Elsässer, Spittler, Mohl, Pfaff, Hettler. Hofprediger Werkmeister und Bleibinhaus. Hofrath Stahl und Autenrieth. Cammerrath Dizinger. Assess. v. Breitschwerdt. Reg. Rath Kauffmann. Regsek. Pistorius, Hegel, Geh. Sek. v. Bühler, Lempp. Hauptmann Huber. Rittmeister Frisch. Hauptm. Müller. Lieut. Rheinwald. Reg. Rath Wächter. Prof. Nast und Drück. Regsek. Brenner. Reg. Cancell. Hoffmann und Golther. Frau Sekret. Doblin. Comissar. Remer. Doktor Schickart. Lieut. von Wollzogen. Exped. Rath Venninger. Rittmstr von Gaisberg. Obrist von Wolfskehl, von Nan. Obrist und Generaladjut. von Gemmingen. Mareschall von Gemmingen. Hauptm. Ehrenfeld. Lieut. von Steinheil. Archivar Scheffer. Lieut. Volz. Cammerrath Venz. Prof. Vaz. Obristlieutenant von Benlwiz. Expedit. Rath

Rath Hartmann. Reg. Rath Grimm. Lieut. Müller. Reg. Sekr. Kauffmann. Schauspieler Haller, Reneau, Schweizer. Postsek. Fischer. Sek. Rößler. Holkammerrath Landauer. Renntkammerrath Daniel und Spittler. Kirchenrathsſek. Günzler. Jur. Cand. Wiedenmann. Sekr. Pfaff. Hofrath Kerner. Repetent Fleischmann. von Becke, d. M. B. von Alopäus, d. M. B. Kaußler, d. M. B. Beurlin, d. M. B. Hauptm. v. Held. Hofmed. und Prof. Plieninger. Hofkupferst. Leybold. Küchenmeister Hollwirth. Buchhalter Liebenau. Handelsmann Brenninger. Baucontrolleur Dillenius. Buchhalter Löw. Gastgeber Schnabel. Mag. Duttenhofer, Hausleuthner und Hübner. Med. Candit. Consbruch. Lit. Stud. Giegling. Oberleibhusar Spohn. Hauptm. und Regquartmſtr Duvernoy. Lieut. von Dewiz. Med. Candit. Wilſer. Sekr. Anthus. Buchhalter Schultheiß. Hauptmann Fribolin und Groß. Buchhalter Mayer. Handelsmann Rueff. Hofmeister Böbel. Christian. Hofmusikus Weille. Landgüt. Inspektor Schuhmacher. Mad. Flamman. Goldarbeiter Verrer. Jur. Stud. Klein. Glanz, d. H. B. Bauſch. Erginzinger. Das Herzogl. Leibkorps. Buchhändler Mezler. Buchhalter Gaspar. Handelsm. Fürst. Stud. Oeffinger. Buchbinder Ruff. Roth. Werneck, d. H. B. Baron von Liebenstein, Jur. Stud. Licentiat Banger. Mayerlin. Haueisen. P. St. Hofschmid Nagel. Bauinspekt. Glaſer. Ladend. Mayer. Mezger Dannenhauer. Rothgerber Ebner. Silberarbeiter Kinzelbach. Caffetier Glaſer. Goldarbeiter Oeder. Büchsenspanner Reuter. Subst. Bardili. Lehrmeister Bernhard. Friedrich Schouder, Stud. Chirurg.

Sulz. Die Herren Oberamtmann Schäffer. Physikus D. Haug. Stabsvogt Brennlin. Hauptzoller Köhlreuter. Handelsmann Schiele. Verwalter Ludwig. Handelsmann Jakobi. Jgfr. Preyßin. Mag. Zipperle. Faktor Gab.

Sulzbach. Die Herren Forstverwalter Krik. Brötel.

Sulzfeld. Die Herren Oberamtmann Rupp. Verwalter Boſecker. Subst. Jduiſch. Fr. Kannenwirth Sprecherin.

Syburg.

Syburg. Excell. Freih. Schenk von Geiern, Hofjunker. Die Herren Pf. Alt. Pf. Rosa. Pf. Ritter. Cand. Flechtner. Scrib. Mack. Hofm. Enslin.

Tübingen. Die Herren Cancell. ꝛc. Le Bret. Hofrath Gmelin. Consulent Golther. v. Ziegler. Stadtschr. Hehl. Prof. Schnurrer. Stadtschr. Holland. D. und Prof. Hofmann. Schwarz. Schalch. Keller, d. G. G. B. Mag. Roos. Harter. Bengel. Pforr. Mag. Rau. Mag. Conz. Creß. Wagner. Hulberger. Cleß. Diefinger. Bunz. Mayer. Boeck. Gaspar. Le Bret. Wender, der W. W. B. Theus, d. R. B. Substit. Schwarz. M. Schmid.

Trier. Freyh. von Dahlberg, Domherr zu Trier, Maynz und Speyer.

Uffenheim. Die Herren Stadtschreiber Wiedemann. Amtsadj. Graf.

Ulm. Sr. Hochgräfl. Excell. der regierende Hr. Rgraf von Stadion. Ihro Hochgräfl. Excell. die verwittibte Frau Rgräfin Fugger. Freyh. von Reibeldt, Domherr zu Augsburg. Freyh. von Racknitz. Die Herren Canzleydirector D. Romig. Senator Egen. Stadtgerichtsass. Ostermayer. Musikdir. Knecht. Spizenhändler Ostermayer. Gürtlermstr Ostermayer. Senator Kutter. Kaufmann Kutter. Pf. Gradmann. Kaufm. Dummer. Burgermstr v. Besserer. Senator v. Besserer. Senator Schad. Marx Christoph v. Besserer. Oberamtsverweser Hägelen. Amtmann Krebs. Amtsvogt Rueff. Oberamtsschreiber Mauch. Cand. Stüber. D. Ruhland. D. Mayer. Herrschaftsschr. Kienlen. Gerichtsschr. Frick. Hospitalhofm. Dapp. Senator Schneidenbach. Rechnungsverwalter Schöllkopf. Pflegschreiber Capoll. Samlungshofm. Röslen. Registr. Klett. Revisionsadj. Mündler und Kiederlen. Visierer Frühwirth. Prof. Kern. Stadtchirurgus Krämer. Goldarbeiter Mayer. Kaufmann Mayer. Buchhändl. Köhler. Mad. B**. Weinhändl. Daumer. Radwirth Weisböck. Studiosus Hildebrand. Zimmermeister Zeiser. Kaufmann Ruß. Schwarzochsenwirth Schaller. Schwarzadlerwirth Mayer. Pred. und Prof. Miller. Amtmann Kiederlen. Amtsschreiber Kalbhard. Aloysii Fallati. P. G. R. Kaufm. Miller.

Miller. Pf. Groschopf. Oberhelfer Bachmayer. Conrad von Hailbronner. Friedrich Carl von Hailbronner. von Schad. Lieut. Schacht von Wittenau. Werblieut. von Vincenti.

Urach. Die Herren Special Kausler. Hofrath Weiß.

Vach im Anspachischen. Hr. Rath Hofmann.

Vayhingen an der Enz. Die Herren Physikus D. Bilhuber. Subst. Baur. Prdc. M. Roth. Hauptzoller Emendörfer. Advokat König. Subst. Hartmann. Keller Werner. Subst. Schmid. Jgfr. Lobertin.

Vellberg. Die Herren Senator Stier. Amtsvogt Hezel.

Waiblingen. Die Herren Geistl. Verwalter Feucht. Stadtschr. Hagmayer.

Wallerstein. Hr. Hauptmann von Beecke.

Waltenbuch. Die Herren Baron von Both. Forstsek. Seefried.

Weil. Syndikus von Brandt.

Weildingen. Hr. Oberamtmann Stockmayer.

Weisenburg. Die Herren Conrector Roth. Forstamtsmann Roth. Stadtschr. Hirschmann. Diak. Roth.

Welzheim. Hr. Förster Schum.

Westheim. Die Herren Prdc. Ernst. Vic. Mag. Seiferheld.

Wien. Excell. Frau Gräfin von Thun. Frau Baronessin von Vassewiz. Die K. K. von Gehlensche Hofbuchhandlung. Hr. Buchhändler Wucherer.

Wilzburg. Die Herren Obrist von Platho. Pfarrer Fries.

Winnenden. Hr. Oberamtmann Daniel.

Windsheim. Hr. Vormundsschr. Speier.

Winterbach. Hr. Amtmann Deuter.

Wittelshofen. Hr. Pf. Kern.

Worms.

Worms. Hr. Graf von Hazfeld, Cammerpräsident.

Würzburg. Hr. Kaufmann Barazzi.

Wüstenroth. Hr. Pf. M. Tafel.

Zaisenhausen. Hr. Pf. M. Hopfenstock.

Zeil. Die Herren Regstr. und Landkassier Bischoffberger. Procurator Knifs.

Zizfeld. Hr. Subst. Faulhaber.

Zürich. Frau Zunftmeister Werdmüllerin. Die Herren Director Cramer. Rathsherr und Landvogt Hirtzel. Leuthpriester Cramer. Prof. Steuscheler. Chorherr und D. Rahn. Junker Schultheiß Weiß. Rathsherr Fueßli. Steuscheler in der Badstube. Balber, Diener des göttl. Worts. Caspar von Orel, D. d. G. W. Diak. Schultheiß. Phil. Heinr. Werdmüller. Hartm. Rahn. Sweizer. Pestallaz. Präc. Schulteß. Frau Maierin. Rudolf Ceri. Hauptm. Nägeli. Rathsherr Reinhardt. Salomon Rahn. von Orell. Schreiber.

Zweybrücken. Hr. Cammersekretair Hahn.

Anmerkung.

Wir sahen uns gedrungen, die eingekommenen Listen zum Theil wörtlich abdrucken zu lassen, ob sie gleich oft Personen von benachbarten Orten enthielten. Auch liessen wir die Herren Subscribenten meist in der Ordnung und Zeitfolge, in der

der wir sie erhielten. Da der jedesmalige Charakter beigesezt ist, so wird man uns diese Ausbeugung zu gut halten.

Uebrigens mögen uns die Leser verzeihen, wenn hie und da in den Namen gefehlt ist; wir haben es in der Deschifrirkunde noch nicht so weit gebracht, daß wir all die hunderterley Handschriften entziffern könnten.

www.ingramcontent.com/pod-product-compliance
Lightning Source LLC
Chambersburg PA
CBHW022056300426
44117CB00007B/486